总策划：彭国华

主　编：杨　轲

编写组成员：马冰莹　韩冰曦　张　贝　桂　琰

　　　　　　包　钰　李玮琦

何以中国

历史逻辑与现实建构

人民日报社人民论坛杂志社 主编

人民出版社

序

　　文化，凝聚深厚底蕴；文明，铸就宏阔格局。在五千余年的漫漫历史长河中，中华民族留下了浩如烟海的文化遗产，形成了独具魅力、博大精深的价值观念和文明体系。从历史中国走来的现代中国，既是现代世界格局中的国家，又是一个有着五千多年未曾中断的文明史的古老文明体，这种既古老又现代的复合式特征，是中华民族在世界百年未有之大变局中坚定历史自信、文化自信的底气和勇气所在。

　　在五千多年中华文明深厚基础上，我们走出了中国式现代化道路。习近平总书记在文化传承发展座谈会上指出："中国式现代化赋予中华文明以现代力量，中华文明赋予中国式现代化以深厚底蕴。中国式现代化是赓续古老文明的现代化，而不是消灭古老文明的现代化；是从中华大地长出来的现代化，不是照搬照抄其他国家的现代化；是文明更新的结果，不是文明断裂的产物。中国式现代化是中华民族的旧邦新命，必将推动中华文明重焕荣光。"这一重要论述，深刻揭示了中国式现代化与中华文明的内在联系。全体人民共同富裕、人与自然和谐共生、走和平发展道路等中国式现代化的中国特色和实践要求，都可以在中华优秀传统文化中找到文化根基。中华文明让中国式现代化有了更加宏阔深远的历史纵深，为推进中国式现代化提供了丰厚的文化滋养。中国式现代化体现科学社会主义的先进本质，把促进人的全面发展和社会全面进步有机统一起来，有效避免西方现代化存在的历史局限和弊端，使源远流长的中华文明历久弥新。立足中国特色社会主义新时代这个中国发展新的历史方位，系统研究中国历史和文化，深刻把握人类发展历史规律，在对历史的深入思考中汲取智慧，必将让中国式现代化道路越走越宽广。

推进中国特色社会主义文化建设，发展新时代中国特色社会主义文化，在五千多年中华文明深厚基础上开辟和发展中国特色社会主义，把马克思主义基本原理同中国具体实际、同中华优秀传统文化相结合是必由之路。这就要求我们阐释中国特色，把握国家和民族的历史传统、文化积淀和基本国情。在历史和现实、理论和实践相结合的基础上构建兼具中国主体性和世界眼光的本土中国学，既是对中国历史与现实的学理反映，也是对中国发展与需要的学理因应。为此，本书集结了十位权威专家学者的重磅文章、重要研究成果，从五千多年连续发展的文明史透视中国，从历史与现实相通的地理、民族、文化、社会、政治等特征要素解读中国，从理论与实践相结合的角度深入阐释开辟、坚持和发展中国特色社会主义，探索、推进和拓展中国式现代化的历史依据和逻辑理路，希望能够帮助广大读者从历史与现实的双重视角真实、立体、全面地认识历史之中国与今日之中国，以期为构建扎根中国、融通中外、立足时代、面向未来的中国学，建设具有中国特色、中国气派、中国风格的哲学社会科学体系，推进人类文明交流互鉴，提供更加扎实的文化滋养和学理支撑。

——人民论坛编纂组

目　录

一、历史逻辑：中道立国与文明中国

中道立国——"中国"的思想内涵与近代转型　　　　　　　　／003

　　——韩　星　中国人民大学国学院教授、博导

在追溯中华文脉中读懂"文明中国"　　　　　　　　　　　　／032

　　——李新伟　中国社会科学院考古研究所考古学理论研究室

　　　　　主任、研究员

文化上和政治上早期中国的起源与形成　　　　　　　　　　／043

　　——韩建业　中国人民大学历史学院教授、博导，教育部

　　　　　"长江学者奖励计划"特聘教授

中国文化对中国历史的塑造　　　　　　　　　　　　　　　／061

　　——朱孝远　北京大学历史学系教授

同位素视角下中华文明和中华民族共同体形成与发展的物质

基础　　　　　　　　　　　　　　　　　　　　　　　　　／075

　　——胡耀武　复旦大学科技考古研究院、文物与博物馆学系教授

二、现实建构：中国式现代化

中国式现代化的早期探索   /099

  ——程亚文　上海外国语大学国际关系与公共事务学院

    政治学系主任、教授、博导

中国式现代国家的形态特征及其理论意涵   /136

  ——姚中秋　中国人民大学国际关系学院教授、历史政治学

    研究中心主任

大国竞争与中国的现代化   /162

  ——李怀印　南京大学政府管理学院特任教授，美国德克

    萨斯大学奥斯汀分校历史系教授，东亚研究

    中心主任

强国建设、民族复兴的历史逻辑、现实建构与未来旨归   /200

  ——林建华　中国社会科学院马克思主义研究院副院长、

    教授、博导

从比较视野看中国式现代化对传统现代化理论与实践的

  多重超越   /223

  ——张占斌　中共中央党校（国家行政学院）中国式现代化

    研究中心主任、马克思主义学院教授、博导

一、历史逻辑：中道立国与文明中国

中道立国

——"中国"的思想内涵与近代转型

韩　星*

引言

"中国"一词的字面意思，《说文解字》注为："中，内也，从口。｜，下上通。""中"指事物的内部、人的内心，字形采用"口"作字根，中间的一竖"｜"表示上下贯通，意即天地人相通。段玉裁注："内者，入也。入者，内也。然则中者，别于外之辞也，别于偏之辞也，亦合宜之辞也……云下上通者，谓中直或引而上或引而下皆入其内也。"即是说，"中"是非外、不偏、合宜"内"之意。"上下通"之意为在内中直，可以贯通上下。

"国"字在《说文解字》中的注释是："國，邦也，从口，从

---

* 韩星，中国人民大学国学院教授、博导。

或。"段玉裁注："邦、國互训……古或、國同用。"《说文解字》注："或，邦也。从囗从戈，以守一。一，地也。域，或又从土。"段玉裁注："或、國在周时为古今字。古文只有或字，既乃复制國字，以凡人各有所守，皆得谓之或……而封建日广，以为凡人所守之或字未足尽之，乃又加囗而为國……（或）从土，是为后起之俗字（即域）。"南唐徐锴《说文解字系传》注："國，邦也，从囗或声。囗其疆境也，或亦域字。"吴大澂《说文古籀补》注："或，古国字，以戈守囗，象城有外垣"。在中国古代城邦制时代，"国"以城圈为限，与"邦""或"意思可以互训，指武装守卫，所谓"执干戈以卫社稷"。

"中"与"国"合为一个词——"中国"。作为思想史的"中国"概念含义比较复杂，主要有地域、都城、国家、华夏族群、文明共同体等多种意义，考古学界还有"文化圈"意义上的"中国"概念。"中国"有着漫长的孕育、诞生与成长、变化的过程及其历史文脉，不同历史时期，存在具体差异。《辞源》中解释"中国"为："上古时代，我国华夏族建国于黄河流域一带，以为居天下之中，故称中国，而把我国周围其他地区称为四方，后来成为我国的专称。"这是当代人对"中国"最普遍的解释。

中道立国

中国古代历史传说有"三皇五帝"。"三皇"的传说有不同版本，学者普遍认同的是"天皇、地皇、人皇"之说。唐司马贞补《史记·补三皇本纪》说:"天地初立,有天皇氏,十二头。澹泊无所施为,而俗自化。木德王,岁起摄提。兄弟十二人,立各一万八千岁。地皇十一头。火德王,姓十一人,兴于熊耳、龙门等山,亦各万八千岁。人皇九头,乘云车,驾六羽,出谷口。兄弟九人,分长九州,各立城邑,凡一百五十世,合四万五千六百年。"天皇氏、地皇氏、人皇氏,是天地人"三才"的原始表达,已经有了天地人相继形成,人处天地之"中",与天地并立为三的意思。

"五帝"一般指黄帝、颛顼、帝喾、尧、舜。据古代文献记载,黄帝族最早发源于黄土高原,居于天下的中心地带,能够以中道治理天下。黄帝经过与炎帝、蚩尤的一系列部落战争,重建社会秩序,成为天下共主。《史记·五帝本纪》索隐载,黄帝"有土德之瑞,土色黄,故称黄帝……生日角龙颜,有景云之瑞,以土德王,故曰黄帝"。《吕氏春秋·季夏纪》载:"中央土:其日戊己,其帝黄帝。"高诱注:"戊己,土日。土王中央也。""黄帝,少典之子,以土德王天下,号轩辕氏。死,托祀为中央之帝。"黄帝以土德称王,以轩辕为号,后世故称为轩辕黄帝,以中央之帝祭祀他。《淮南子·天文训》载:"中央,土也,其帝黄帝。"中央土与黄帝的意象结合,是对黄帝功德的具体化、形象化,与黄帝开创农耕文明的功绩有密切关系。成为天下共主后,黄帝以中道治国平天下,《淮南子·天文训》载:"中央,土也,其帝黄帝,其佐后土,执绳而制四方。"中央是土,黄帝是中央之帝,由后土担任辅佐大臣,手拿绳墨(法律)管理四方的国家。《路史·黄帝纪上》载:"帝处中央而政四国,分八节以纪农功，命天中建皇极。乃下教曰：'声禁重，色禁重，香味禁重，室禁重。国亡衰教，市亡淫货，地亡圹土，官亡滥士，邑亡游民，山不童，泽不涸，是致正道。是则官有常职，民有常业，父子不背恩，兄弟不去义，夫妇不废情，鸟兽草木不失其长，而鳏寡孤独各有养也。'"黄帝作为中央之帝，自身注重修身养性，正己以正四方，发展经济，施行政教，敦睦人伦，使鳏寡孤独皆有所养，人与自然和谐相处，天下大治。因此，今天有学者通过比较五帝事迹指出："黄帝及其部落的诞生代表了华夏文明的最初自觉，标志着'中国'观念的萌芽，是真正意义上的'最早的中国'。"[1] 后世圣王都在黄帝的基础上以中道为价值理念治国平天下。

颛顼以中道化解天人、神人之间的紧张。《大戴礼记·五帝德》载，颛顼"养材以任地，履时以象天，依鬼神以制义；治气以教民，絜诚以祭祀"，这正可以与《国语·楚语下》所载帝颛顼命南正重、火正黎"绝地天通"的宗教变革相印证。《白虎通德论·号》载："谓之颛顼何？颛者，专也；顼者，正也；能专正天人之道，故谓之颛顼也。"意即颛顼能够专正天人、神人之道。

帝喾在颛顼的基础上"取地之财而节用之，抚教万民而利诲之，历日月而迎送之，明鬼神而敬事之"（《史记·五帝本纪》）。对于天地鬼神，帝喾都以中道兼顾，同时德行兼备，"其色郁郁，其德嶷嶷"，"仁而威，惠而信，修身而天下服"，便"执中而获天下"（《大戴礼记·五帝德》）。"获"被训为"得"，是得天下人心的意

---

① 孙庆伟：《最早的中国：黄帝部落的文化初觉》，《北京日报》2019 年 1 月 21 日。

思。后来，司马迁在《史记·五帝本纪》中使用了这个说法，言帝喾"溉执中而遍天下"，"溉"同"概"，意帝喾能全面行中道而得人心以得天下。

尧治国能够"允执其中"，形成了儒家向往的"大道之行，天下为公"的大同盛世。尧在传天子之位给舜时还传授了治国之法——"允执其中"。《论语·尧曰》载："尧曰：'咨！尔舜！天之历数在尔躬，允执其中。四海困穷，天禄永终。'"何晏《论语集解》引包咸所言："言为政信执其中，则能穷极四海，天禄所以长终。"为政者只要能够执中，就能够影响普天之下，天命也就能长久。皇侃《论语义疏》注："'允执其中'者，允，信也。执，持也。中，谓中正之道也。言天信运次既在汝身，则汝宜信执持中正之道也。"朱熹《论语集注》注："允，信也。中者，无过不及之名。"意思是真诚地执守中道，在处理政事时做到公平公正，不偏不倚，无过不及。刘宝楠《论语正义》言："执中者，谓执中道用之。"

如此重要的"中道"如何而来呢？秘密就在"天之历数"。《尚书·尧典》载，帝尧"乃命羲和，钦若昊天，历象日月星辰，敬授人时"。这里的"历象"就是孔子的"历数"，是讲岁、月、日、星辰运行规律的天文历法。陶寺遗址被考古学家认为是尧都，在其中发现的观象台、圭尺等证明了《尚书·尧典》记载的真实性，也是对帝尧中道政治的最好注脚。考古学家通过研究，认为"陶寺圭尺、玉琮游标构成完整的'中'。'中'是西周之前乃至史前时期对圭尺的称谓。圭尺以其测暑影制定历法以及天文大地测量功能，被看作象征王权的权杖，故而掌握权柄称为'允执其中'"。① 尧正是在对历数的观察研究中把握了中道，并运用在为政上，形成了中道政治的传统。高江涛认为："最本初的中国就是'地中之都''中土之国'，而这两个特征都是陶寺所具备的。"② 也就是说，尧都陶寺遗址具有"中国"作为"地中之都，中土之国"的含义。

《帝王世纪》载："尧都平阳。"《括地志》注："今晋州所理平阳是也。"《孟子·万章上》载："尧崩，三年之丧毕，舜避尧之子于南河之南。天下诸侯朝觐者，不之尧之子而之舜；讼狱者，不之尧之子而之舜；讴歌者，不讴歌尧之子而讴歌舜，故曰天也。夫然后之中国，践天子位焉。"尧逝世后，舜三年之丧毕，让避丹朱于南河之南，然百姓万民皆拥戴舜，舜后至尧都即天子之位。

舜即位后践行中道以治国。《礼记·中庸》载子曰："舜其大知也与！舜好问而好察迩言，隐恶而扬善，执其两端，用其中于民，其斯以为舜乎。"郑玄注："迩，近也。近言而善，易以进人，察而行之也。'两端'，过与不及也。'用其中于民'，贤与不肖皆能行之也。"朱熹《中庸集注》言："舜之所以为大知者，以其不自用而取诸人也。迩言者，浅近之言，犹必察焉，其无遗善可知。然于其言之未善者则隐而不宣，其善者则播而不匿，其广大光明又如此，则人孰不乐告以善哉。两端，谓众论不同之极致。盖凡物皆有两端，如小大厚薄之类，于善之中又执其两端，而量度以取中，然后用之，则其择

---

① 何驽：《陶寺考古初显尧舜时代的"天下观"》，《中国社会科学报》2015 年6 月 5 日。

② 李扬：《陶寺遗址："最初中国"的样貌》，《文汇报》2018 年 7 月 22 日。

之审而行之至矣。然非在我之权度精切不差，何以与此。此知之所以无过不及，而道之所以行也。"可见，朱熹的解释更复杂，即舜能够虚心向人请教，特别是对一般老百姓的粗浅之言很重视，从中体味老百姓的心声，对听到的不同意见，特别是对是非善恶有自己的分析判断，能够隐恶扬善，扶正避邪，善于通过考察事物的两个极端，以中道为基本方法观察问题和处理政事，不走极端，善于权衡而做到恰到好处，无过无不及。《论语·尧曰》载，舜在传天子之位给大禹时也曾言，"天之历数在尔躬，允执其中。四海困穷，天禄永终"。《尚书·大禹谟》又载，舜在传天子之位给禹时说："人心惟危，道心惟微，惟精惟一，允执厥中。"人心危险难安，道心幽微难明，只有精心一意，诚恳地秉执其中庸之道，才能治理好国家。这里的"允执厥中"也就是上面的"允执其中"，由此可见中道是尧舜禹禅让的核心价值理念。

禹怎样"允执厥中"？他的主要功绩是治水，他从父亲鲧治水的失败中汲取教训，改"堵"为"疏"，顺水之性，形成了"高处凿通，低处疏导"的治水思想，劳身焦思，终于完成了治水大业。他在生活上"菲饮食而致孝乎鬼神，恶衣服而致美乎黻冕，卑宫室而尽力乎沟洫"（《论语·泰伯》）。他饮食菲薄，却将祭品办得极为丰盛；衣服粗鄙，却将祭服办得极为华美；居室简陋，却竭尽全力兴修水利。这就是说，如果禹个人衣食住尚俭，而在祭品礼服与田间治水简率从事，便是不及；又如果对祭品礼服与田间治水完备，而在个人的衣食住方面尚奢侈，便是太过；禹没有不及与太过，就是恪守中道。因此，方孝孺说，圣人之道中而已矣，尧、舜、禹三圣人为万世法，一"允执厥中"也。① 郑樵说，三皇伏羲但称氏，神农始称帝，尧舜始称国。② 柳诒徵说："自尧、舜以来，以'中'为立国之道。"③ 可见，到尧舜时，已经明确以"中道"立国。

柳诒徵分析尧舜以中道立国时说："唐、虞之时所以定国名为'中'者，盖其时哲王，深察人类偏激之失，务以中道诏人御物。""唐、虞时之教育，专就人性之偏者，矫正而调剂之，使适于中道也。以为非此不足以立国，故制为累世不易之通称。一言国名，而国性即以此表见。其能统制大宇，混合殊族者以此。其民多乡原，不容有主持极端之人，或力求偏胜之事，亦以此也。按中国民性，异常复杂，不得谓之尚武，亦不得谓之文弱；不得谓之易治，亦不得谓之难服。推原其故，殆上古以来尚中之德所养成也。然中无一定之界域，故无时无地，仍不能免于偏执。惟其所执，恒不取其趋于极端耳。"④ 柳诒徵认为，尧舜之时定国名为"中国"，是尧舜针对人性的偏激之弊加以"矫正而调剂"，确立了以中道为核心的道统和以尚中为教育的教统，并深刻地影响了中国人的民性和中国的国性，是"中国"之所以称为"中"国的本质。⑤ 缪凤林认为，中国"历圣相传，皆以中道垂教，故一言国名，而国性即以此表现，我民族能统制大宇，保世滋大，其道在此"⑥。从夏朝起到满清灭亡，中国历史上一共有

① 参见方孝孺：《夷齐》，载《逊志斋集》卷五，四库全书本。
② 参见郑樵：《三皇纪》，载《通志》卷一。
③ 柳诒徵：《中国文化史》上卷，东方出版社2008年版，第232页。
④ 柳诒徵：《中国文化史》上卷，东方出版社2008年版，第31—32页。
⑤ 参见韩星：《黄帝、中道与何以中国》，《中国社会科学院大学学报》2022年第12期。
⑥ 缪凤林：《中国民族史序论》，载沙香莲主编：《中国民族性》，中国人民大学出版社1989年版，第210页。

25 个朝代，在漫长的历史中，由尧舜传承下来的"中道"立国传统，若隐若现，时断时续，一般而言，遵循中道则王朝兴盛，背离中道则王朝衰亡，历代王朝大都逃不出得"中"与失"中"所产生的因果律。

天地之中

"中国"一词最早出现在西周初年的青铜器"何尊"的铭文中，即"唯武王既克大邑商，则廷告于天，曰：余其宅兹中国，自兹义民"。"何尊"是周成王迁都时所铸造的一个青铜器，这里的"中国"从上下文看，显然是指周王"宅于成周"，认为新建的都城成周是当时天下的中心，王朝的中央，即现在的河南洛阳一带，是符合"地中"标准的地理之"中国"。

尧舜之后，王者就有以"地中"建国立都的传统。《周礼·地官司徒·大司徒》中有言："以土圭之法测土深。正日景，以求地中。日南则景短，多暑；日北则景长，多寒；日东则景夕，多风；日西则景朝，多阴。日至之景，尺有五寸，谓之地中，天地之所合也，四时之所交也，风雨之所会也，阴阳之所和也。然则百物阜安，乃建王国焉，制其畿方千里而封树之。凡建邦国，以土圭土其地而制其域。"寻求"地中"之法来源于测日中，说明建国要测量土地，以正日影来求地中，只有找到地中，才有天地自然的和谐，万物由此生生不已。求天地之中是建国的基础，由立杆测影而寻找、寻求"地中"

实际上是以"天中"来求"地中"，这正是中国古代天人合一的体现，也是王者通天地人，[①] 君权神授的权力合法性的来源。

　　周人认为克殷称王要居天下之中，以"成周"为天下中心，体现了居中治国的政治传统。《尚书·召诰》言："王来绍上帝，自服于土中"。什么叫"土中"？伪孔传载："言王今来居洛邑，继天为治，躬自服行教化于地势正中。""土中"就是东南西北"四土"之中，也就是"地中"。为什么要寻找"土中"呢？《尚书·召诰》载："（周公）旦言：其作大邑，其自时配皇天，毖祀于上下，其自时中乂。王厥有成命，治民今休。"伪孔传载："称周公言，其为大邑于土中，其用是大邑，配上天而为治。"孔颖达疏："周公之作洛邑，将以反政于王，故召公述其迁洛之意，今王来居洛邑，继上天为治，躬自服行教化于土地正中之处。"《尚书·康诰》载："惟三月哉生魄，周公初基，作新大邑于东国洛，四方民大和会。"伪孔传言："初造基，建作王城大都邑于东国洛汭，居天下上中，四方之民大和悦而集会。"据《尚书·召诰》所载，"上中"应改为"土中"。"土中"是为了居天下土中，配上天为治，得到上帝的承认和庇护，同时对天下人进行教化，以实现上下和休，阴阳谐适，四时正平，风调雨顺，万民和睦。《逸周书·作雒解》载："周公敬念于后，曰：'予畏周室不延，俾中天下。'及将致政，乃作大邑成周于土中。"《史

---

　　① 《说文》解释"王"字："王，天下所归往也。董仲舒曰：古之造文者，三画而连其中，谓之王；三者天、地、人也，而参通之者王也。孔子曰：一贯三为王。"董仲舒在《春秋繁露》解释"王"："古之造文者，三画而连其中，谓之'王'。三画者，天、地与人也；而连其中者，通其道也。取天地与人之中，以为贯而通之，非王者，孰能当是。"这就是说，"王"字的三横是天地人的象征，贯穿其中的一竖则表示王沟通天地人三域的职能，正是王者居"中"上下通的含义。

记·周本纪》载:"成王在丰,使召公复营洛邑,如武王之意。周公复卜申视,卒营筑,居九鼎焉。曰:'此天下之中,四方入贡道里均。'"《汉书·地理志》载:"昔周公营雒邑,以为在于土中,诸侯蕃屏四方,故立京师。"《说苑·至公》载:"南宫边子曰:昔周成王之卜居成周也,其命龟曰:予一人兼有天下,辟就百姓,敢无中土乎?使予有罪,则四方伐之,无难得也。"《论衡·难岁篇》言:"儒者论天下九州,以为东西南北,尽地广长,九州之内五千里,竟三河土中。周公卜宅,《经》载:'王来绍上帝,自服于土中。'洛则土之中也。"直到西周晚年,史伯论天下大势,仍以成周为天下之中:"当成周者,南有荆蛮、申、吕、应、邓、陈、蔡、随、唐,北有卫、燕、狄、鲜虞、潞、洛、泉、徐、蒲,西有虞、虢、晋、隗、霍、杨、魏、芮,东有齐、鲁、曹、宋、滕、薛、邹、莒。"(《国语·郑语》)所以,周人营建"成周",合乎"土中",即"天下之中",因而可直接称其为"中国"。可见,"土中"是天地之中,是四方之中,周人寻找和确定"土中"是一件具有重大政治意义的行动,将政治行为神圣化、宗教化。

《周礼》"六官"之前都有一段序言性质的文字:"惟王建国,辨方正位,体国经野,设官分职,以为民极。"这段文字被宋儒称为《周礼》"二十字总纲",集中体现了以中道立国的基本精神。郑玄注"惟王建国"言:"建,立也。周公居摄而作六典之职,谓之《周礼》。营邑于土中。七年,致政成王,以此礼授之,使居雒邑,治天下。"贾公彦疏言:"建,立也。惟受命之王乃可立国城于地之中。必居地中者,案《尚书·康诰》言:'惟三月哉生魄,周公初基,作新大邑于东国洛。'郑注言：'岐、镐之域，处五岳之外，周公为其于政不均，故东行于洛邑，合诸侯，谋作天子之居。'据郑此言，则文、武所居，为非地中，政教不均，故居地中也。"郑玄注"以为民极"："极，中也。令天下之人，各得其中，不失其所。"贾公彦疏引《尚书·洪范》"皇建有其极"："谓皇建其有中之道，庶民于之取中于下。人各得其中，不失所也。"说明成王、周公营建成周，就是寻求地中，辨正方位，踏勘划定国（城区）野（郊区），设立官职，这样才能使天下人民各得其中，不失其所。

后人对"地中""土中"也多有讨论，阐发其多重含义。《荀子·大略》言："欲近四旁，莫如中央，故王者必居天下之中，礼也。"杨倞注："此明都邑居土中之意，不近偏旁，居中央，取其朝贡道里均。礼也，言其礼制如此。"王者居土中象征居中央，是礼制的规定。《吕氏春秋·审分览·慎势》载："古之王者，择天下之中而立国，择国之中而立宫，择宫之中而立庙。"董仲舒《春秋繁露·三代改制质文》言："天始废始施，地必待中，是故三代必居中国。法天奉本，执端要以统天下、朝诸侯也。"《白虎通·京师》言："王者京师必择土中何？所以均教道，平往来，使善易以闻，为恶易以闻，明当惧慎，损于善恶……圣人承天而制作。"王者必择土中，即择天下之中而立国，是法天奉本，承天制作，执端要来统御天下、朝聘诸侯，以均教道，平往来。《太平御览·州郡》引《五经要义》言："王者受命创始，建国立都，必居中土，所以总天地之和，据阴阳之正，均统四方，以制万国。"这说明，"中"字有上下通、内外通的含义，王者求"土中"体现了总天地之和，据阴阳之正，居中以治四方的含义。

　　春秋战国以后，"中国"一词由"地中""土中"引申为天地之中。《战国策·秦策》载："今韩、魏，中国之处，而天下之枢也。"明确赋予中国以天下中心、枢纽的含义。《扬子法言·问道》言："中于天地者，为中国。"李轨注："中于天地者，土圭测影，晷度均也。"意为通过土圭测影确立的天地之中就是中国。《盐铁论·轻重》说："中国，天地之中，阴阳之际也。"中国是天下中心，阴阳交合之地。石介《中国论》言，夫天处乎上，地处乎下。居天地之中者曰中国，居天地之偏者曰四夷。四夷外也，中国内也。① 强调了中国为天地之中的含义。受时代和条件的限制，古人以为黄河流域的中原地区就是天下的中心地区，故而称黄河流域的中原地区及其所建立的政权为"中国"。于省吾先生释"中国"的由来时指出，这种称谓，是由于用土圭测量日光照射于地上的影子的距离尺度，以判定其中心所在，因而称之为土中或中土。至于成王迁都洛邑，洛邑接近阳城，故称之为土中，引而申之，这也是后世称河南地为中州或中原的由来。② "中国"一词在两周时期主要指黄河流域黄河中下游的中原河洛地带，"中国"以外称为四夷。后来，"中国"的含义不断扩大。

　　"地中""土中"本来是地理概念，后来被不断赋予政治意义、文化意义和宗教意义。何驽认为："地中是人间与上帝交通的唯一通道。群雄逐鹿中原，竭力垄断地中，就是以'君权神授'的形式使

----

　　① 参见石介：《中国论》，载《徂徕集》卷十，钦定四库全书本。
　　② 参见于省吾：《释"中国"》，载《中华学术论文集》，中华书局 1981 年版。

王权合法化、正统化，形成中国早期国家意识形态的精髓'王者居中'，在形式上以地中之都、地中之国构成'中国'概念最初始内涵，此乃'中国'的由来。"① "只有王者居中，才能保证君权、国祚、都城的命运受到天帝的庇佑，才能确保其政权和统治的合法性与正统性。"② 萧兵认为，寻找、选择这种具有"宇宙中心"性质的国都，"它的政治性跟它的宗教性是对立地统一着，它的现实性与超现实性是辨证地结合着的；换言之，它的神圣性是跟它的神秘性交错地互补着，它的科学性跟它的幻想性是紧密地相渗着"③。"地中""土中"概念，在中国古代社会从酋邦向王国的演进中，显然产生过十分重要的作用。一方面有君权神授等观念上的理由；另一方面也有政治运作上的原因：镇守中央，便于威慑和讨伐四方，也便于向属国征税征兵。④ 求地中以得天中，方可天人合一，神民和谐，君权神授，同时居中央以治四方，方可内外远近，万众钦服，长治久安。

华夏礼仪

"华夏"为"中国"的别名。《说文解字》注："夏，中国之人

---

① 何驽：《陶寺圭尺"中"与"中国"概念由来新探》，载《三代考古》四，科学出版社 2011 年版，第 85—128 页。
② 何驽：《陶寺考古：尧舜"中国"之都探微》，载《帝尧之都 中国之源——尧文化暨德廉思想研讨会文集》，中国社会科学出版社 2015 年版，第 84 页。
③ 萧兵：《中庸的文化省察——一个字的思想史》，湖北人民出版社 1997 年版，第 582 页。
④ 参见喻希来：《重新审视中国历史大时代》，《战略与管理》2000 年第 5 期。

也。"《尔雅·释诂》言:"夏,大也。""华夏"本来指中原诸族,也是汉族前身的称谓,后来演变为"中国"的别称。《尚书·舜典》言:"蛮夷猾夏。"伪孔传言:"夏,华夏也。"说明尧定国号为唐,已称中国为"夏"。《尚书·武成》载:"华夏蛮貊"。伪孔传言:"冕服采章曰华,大国曰夏。"孔颖达疏:"夏,谓中国也。"《左传·定公十年》载:"裔不谋夏,夷不乱华。"孔颖达注:"夏,大也。中国有礼仪之大,故称夏;有服章之美,谓之华。华、夏一也。"华夏就是中国,而之所以称为华夏,是中国有礼仪之弘大,有服饰之华美。《左传·襄公二十六年》载:"楚失华夏。"《春秋公羊传·僖公四年》载:"南夷与北狄交,中国不绝若线。"这里的"中国"就是指中原华夏。《荀子·儒效》言:"居夏而夏。"杨倞注:"夏,中夏也,中国有文章光华礼义之大。"可见,先秦典籍中的"华夏""夏"都指"中国",以服饰华采之美为"华",以疆界广阔与文化繁荣、礼仪兴盛为"夏"。华夏就是中国的古称。

"华夏"是中国文明的代名词。元代吴澄也曾解释"华夏",夏犹四时之夏,明而大也,中国文明之地,故曰华夏①。《御批资治通鉴纲目前编》卷二引朱熹言:"夏,明而大也。中国文明之地,故曰华夏。"杜佑《通典》言:"覆载之内,日月所临,华夏居土中,生物受气正。其人性和而才惠,其地产厚而类繁,所以诞生圣贤,继施法教,随时拯弊,因物利用。三五以降,代有其人。君臣长幼之序立,五常十伦之教备,孝慈生焉,恩爱笃焉。主威张而下安,权不分

---

① 参见吴澄:《书纂言》卷一,四库全书本。

而法一。生人大赍，实在于斯。"章太炎在《中华民国解》也说："以为华美，以为文明，虽无不可，然非其第一义，亦犹夏之训大，皆后起之说耳。"①

　　春秋战国时期"华夏"也称"诸夏"，与"中国"时常代用。《左传·闵公元年》载："诸夏亲昵，不可弃也"，晋杜预作注言："诸夏，中国也"。《左传·成公七年》载："中国不振旅，蛮夷入伐而莫之或恤，无吊者也夫。"《论语·八佾》载："子曰：夷狄之有君，不如诸夏之亡也"。《论语集解》言："诸夏，中国也。"《孟子·梁惠王》载齐宣王曾经"欲辟土地，朝秦、楚，莅中国而抚四夷"。《孟子·滕文公》亦载："陈良，楚产也，悦周公、仲尼之道，北学于中国。"这里说的中国，都是指中原华夏诸国。《韩非子·存韩》载："韩居中国，地不能满千里。"可见，韩、魏在当时均被视为中国。《战国策·秦策》载公孙衍谓义渠君："中国为有事于秦……居无几何，五国伐秦。"五国谓齐、宋、韩、赵、魏，这五国也被认为是中国。康有为说："诸夏之名，在中国对外之称，为至古矣。外国多以创先之人名其地者，吾国为禹域，然则称诸夏最宜，不能以汉、唐之后起易之。"② 傅斯年说："所谓'诸夏'者，在初必是夏族之诸部落，后乃推之一切负荷中原文化之人"③，"商虽灭夏，然以取夏文化之故，或者也以诸夏自居"，"周人入了中国（中原），

---

① 章太炎：《中华民国解》，《民报》1907 年 7 月，第十五号。
② 康有为：《诸夏音转为诸华诸华音转为支那考》，载《康有为全集》第五集，中国人民大学出版社 2007 年版，第 169 页。
③ 傅斯年：《新获卜辞写本后记跋》（1930 年），载《安阳发掘报告》第二期，中研院—历史语言研究所 1992 年版，第 384 页。

把中国'周化'得很厉害，而文化的中国之名，仍泛用夏"①。所以萧兵得出结论："这样，诸夏（或华夏）就成了中国的文化性名称"②。就是说，华夏或诸夏与"中国"时常代用，具有地理、民族的含义，更具有文化、文明的含义。

由"中国"和"华夏"各取一个字组成"中华"，最初指黄河流域一带，以其位居四方之中，环境优越，文化美盛，故称其地为"中华"。"中华"一词最早出现在《三国志》裴松之的注中。随着历朝版图的扩大，凡属中原王朝管辖的区域都称"中华"，于是，"中华"便泛指全国。唐人韩偓在《登南神光寺塔院》中写道："中华地向边城尽，外国云从岛上来。"可见此时的"中华"已与"外国"对举了。

《唐律名例疏议释义》注："中华者，中国也。亲被王教，自属中国，衣冠威仪，习俗孝悌，居身礼义，故谓之中国。"中华即中国。自身接受了王道教化，自然就属于中国；穿衣戴帽有威仪，风俗讲究孝悌之道，立身处世追求礼义道德，所以称为中国。这里强调的并非作为地理概念和种族概念的中国，而是作为文化概念的"中国"与"中华"。

杨度说："中国自古有一文化较高、人数较多之民族在其国中，自命其国曰中国，自命其民族曰中华。即此义以求之，则一国家与一

---

① 傅斯年：《诗经讲义稿》，载《傅孟真先生集》第1册，台北经联公司1980年版，第267页。

② 萧兵：《中庸的文化省察——一个字的思想史》，湖北人民出版社1997年版，第722页。

国家之别，别于地域，中国云者，以中外别地域之远近也。一民族与一民族之别，别于文化，中华云者，以华夷别文化之高下也。即此以言，则中华之名词，不仅非一地域之国名，亦且非一血统之种名，乃为一文化之族名……其后经数千年混杂数千百人种，而称中华如故。以此言之，华之所以为华，以文化言之可决之也。"① "中国"主要是就地域而言，而"中华"不是就地域、血统，而是就华夷之辩的文化而言。之所以称为"中华"，盖因文化。

文明之域

中国之所以称为"中国"，主要包括诗书礼乐、衣食住行等方面，具有物质文明和精神文明总体的内涵。蔡沈在《书经集传》中言："夏，明而大也。"《战国策·赵策》中说："中国者，聪明睿知之所居也，万物财用之所聚也，贤圣之所教也，仁义之所施也，诗书礼乐之所用也，异敏技艺之所试也，远方之所观赴也，蛮夷之所义行也。"中国之所以为中国，其人聪明睿智，其用万物所聚，其礼至佳至美，是具有高度文明的区域，为远方所仰慕，为蛮夷所心仪。《礼记·王制》中说："中国戎夷，五方之民，皆有性也，不可推移。东方曰夷，被发文身，有不火食者矣。南方曰蛮，雕题交趾，有不火食者矣。西方曰戎，被发衣皮，有不粒食者矣。北方曰狄，衣羽毛穴

---

① 杨度：《金铁主义说》，载《杨度集》（一），湖南人民出版社1986年版，第373—374页。

居，有不粒食者矣。中国、夷、蛮、戎、狄，皆有安居、和味、宜服、利用、备器。"古人认为，"中国"与四周"夷狄"的差异在地域、衣食住行、生活方式等各方面，中国是以道德仁义为内在精神，以礼乐文明为外在形式，包含了精神文明和物质文明的文明形态，强调"中国"代表文明、代表先进文化，是开放、包容，与夷狄互动的文明共同体，集中体现在礼义方面。《公羊传》隐公七年载，"不与夷狄之执中国也"。何休注，"因地不接京师，故以中国正之。中国者，礼义之国也"，阐发了礼义为"中国"文明的基本内涵，这成为贯穿中国历史的基本认知。所以柳诒徵认为中国概念虽亦有专指京师，或专指畿甸者，但"要以全国之名为正义。且其以中为名，初非仅以地处中央，别于四裔也。文明之域与无教化者殊风。此吾国国民所共含之观念也。据此是中国乃文明之国之义，非方位、界域、种族所得限。是实吾国先民高尚广远之特征，与专持种族主义、国家主义、经济主义者，不几霄壤乎！"① 意即从地理方位看，"中国"地处中央，为天下之中；从文明视角看，"中国"实施仁德教化，是文明之邦。

历代对中国文明含义的解释有很多。司马相如在《难蜀父老》中言："盖闻中国有至仁焉，德洋而恩普，物靡不得其所。"（《史记·司马相如传》）汉初陆贾出使南越，对自立岭南的南越武王赵陀说："中国之人以亿计，地方万里，居天下之膏腴，人众车舆，万物殷富，政由一家，自天地剖判未始有也。"（《史记·郦生陆贾列传》）

---

① 柳诒徵：《中国文化史》上卷，东方出版社 2008 年版，第 31 页。

《史记·秦本纪》载秦穆公言："中国以诗书礼乐法度为政。"由余答之："夫自上圣黄帝作为礼乐法度，身以先之。"中国的为政之道是自上古黄帝传承下来的诗书礼乐法度。《白虎通德论·礼乐》载："先王推行道德，和调阴阳，覆被夷狄，故夷狄安乐，来朝中国。"汉朝侯应说："中国有礼仪之教，刑罚之诛。"（《汉书·匈奴传》）王通在《中说·述史》中言："大哉中国！五帝三王所自立也，衣冠礼义所自出也！"杜佑《通典·边防序》中说中国，"覆载之内，日月所临，华夏居土中，生物受气正。其人性和而才惠，其地产厚而类繁，所以诞生圣贤，继施法教，随时拯弊，因物利用。三五以降，代有其人。君臣长幼之序立，五常十伦之教备，孝慈生焉，恩爱笃焉。主威张而下安，权不分而法一。生人大赍，实在于斯"。意为中国居中土，秉受天地中正之气，自然环境优越，物产丰富，人民聪明和蔼，圣贤教化有效，社会和谐有序。这可以说是近代以前中国文明美好的自画像。石介《中国论》言，夫中国者君臣所自立也，礼乐所自作也，衣冠所自出也，冠昏祭祀所自用也，繐麻丧泣所自制也，果瓜菜茹所自殖也，稻麻黍稷所自有也……仰观于天则二十八舍在焉，俯察于地则九州分野在焉，中观于人则君臣、父子、夫妇、兄弟、宾客、朋友之位在焉。① 石介《怪说》亦言："夫中国圣人之所常治也，四民之所常居也，衣冠之所常聚也……中国道德之所治也，礼乐之所施也，五常之所被也。"石介指出中国的自主性、恒常性，合乎天地人伦之道，以道德礼乐为治，以仁义礼智信为教。陆九渊说：

---

① 参见石介：《中国论》，载《徂徕集》卷十，钦定四库全书本。

"圣人贵中国……非私中国也。中国得天地中和之气，固礼义之所在。贵中国者，非贵中国也，贵礼义也。""中国之所以可贵者，以其有礼义也。"① 陈亮《上宋孝宗书》言，臣惟中国天地之正气也，天命所钟也，人心所会也，衣冠礼乐所萃也，百代帝王之所相承也。② 他把礼义视为中国尊贵的根本原因。方孝孺在《后正统论》中言，夫中国之为贵者，以有君臣之等，礼义之教……夫所贵乎中国者，以其有人伦也。以其有礼文之美，衣冠之制，可以入先王之道也③，认为中国最为尊贵之处是有圣王传下来的礼义、人伦之教。

孔子作《春秋》，凡涉及华夏、夷狄各族，常常视是否认同和接受先进的礼乐文化为判断其族群属性的标准，此即唐代韩愈在《原道》中所概括的："孔子之作《春秋》也，诸侯用夷礼则夷之，夷而进于中国则中国之。"④ 就是说，孔子以礼乐为标准，中国可以退为夷狄，夷狄可以进为中国。可见中国、夷狄之分，不在血缘族类，不在地域，而在文化。皇甫湜在《东晋元魏正闰论》中提出，所以为中国者，以礼义也，所以为夷狄者，无礼义也，岂系于地哉？杞用夷礼，杞即夷矣。子居九夷，夷不陋矣⑤，主张判断中国之所以为中国，不在于地理上是否在中原地区，而是看其是否有礼义。他认为晋室虽然南渡，只有半壁江山，但"人物攸归，礼乐咸在，风流善政，史实存焉"，仍然能够代表"中国"。章太炎在《中华民国解》中言：

① 陆九渊：《陆九渊集·讲义》，钟哲点校，中华书局 1980 年版，第 277、281 页。
② 参见石介：《怪说上》，载《徂徕集》卷五，钦定四库全书本。
③ 参见方孝孺：《夷齐》，《逊志斋集》卷二，《后正统论》。
④ 韩愈：《韩愈文集汇校笺注》，中华书局 2010 年版，第 3 页。
⑤ 参见皇甫湜：《皇甫持正集》卷二。

"《春秋》之义，无论同姓之鲁、卫，异姓之齐、宋，非种之楚、越，中国可以退为夷狄，夷狄可以进为中国，专以礼教为标准，而无有亲疏之别。"华夷之辩的本质是礼义、礼教之辨。陈黯《华心》称，苟以地言之，则有华夷也。以教言，亦有华夷乎……有生于中州而行戾乎礼义，是形华而心夷也；生于夷域而行合乎礼义，是形夷而心华也①。陈黯所说的"心"，其实是一种文化认同意识，只要认同华夏的礼义就是华夏；反之则反。程晏的《内夷檄》也主张，虽身出异域，能驰心于华，吾不谓之夷矣。中国之民长有倔强王化，忘弃仁义忠信，虽身出于华，反窜心于夷，吾不谓之华矣②，认为夷狄之人虽然出身边境，向往仁义忠信即不是"夷狄"，而"中国"之民如果忘弃仁义忠信就是夷狄。因此，可以说中国的本质内涵是文化中国，是否认同道德礼义是区分华夷的根本。冯友兰先生也曾指出，"中国"一词在历史上主要是强调文化意义，③ 这就是文化中国。

梁漱溟在《中国文化要义》中引用 20 世纪 30 年代英国学者罗素在中国演讲时所说，"中国实为一文化体而非国家"，又引用雷海宗所言，中国是"一个具有松散政治形态的大文化区"④。西方哲学家罗素还说过："与其把中国视为政治实体还不如把它视为文明实体——一个从古代存留至今的文明。从孔子的时代以来，古埃及、巴比伦、波斯、马其顿、罗马帝国都先后灭亡，只有中国通过不断进化依然生存，虽然受到诸如昔日佛教、现在的科学这种外来影响，但

---

① 参见陈黯：《华心》，《全唐文》卷 767。
② 参见程晏：《内夷檄》，《全唐文》卷 82。
③ 参见冯友兰：《中国哲学简史》，北京大学出版社 1985 年版，第 221 页。
④ 梁漱溟：《中国文化要义》，学林出版社 1987 年版，第 19 页。

佛教并没有使中国人变成印度人,科学也没有使中国人变成欧洲人。"① 说明作为文化或文明实体的中国具有主体性、开放性和坚韧性,能够吸收外来文化,而不被同化,顽强地生存下来。在世界四大文明古国中,位于今伊拉克的"美索不达米亚文明"始于公元前4000 年,消失于公元前 2 世纪;"古印度文明"始于公元前 3300 年,消失于公元前 1300 年;"古埃及文明"始于公元前 3100 年,消失于公元前 525 年。这三个文明古国在历史演进中因内部腐败、外族入侵等原因发生断代,如今已不复存在,而唯有"中国文明"一脉相承,延绵不断,发展至今。要理解"文化中国",核心观念是"中"字。在中国文化中,"中"是最佳、最理想的,所谓"天地之道,帝王之治,圣贤之学,皆不外乎中"②。文化中国的"中道"内涵一脉相承,几千年来没有根本性变化,是中国文明的本质特征,是中国文明一脉相承,绵延至今的内在精神因素之一。

转型重构

从历代对中国、华夏、中华等概念的解释可以看出,"中国"概念主要有地理、民族、文化、国体等含义,其中文化的含义最为突出和普遍。从某种意义上可以说,几千年来"中国"就是一个文化或

---

① [英]罗素:《中国问题》,秦悦译,学林出版社 1999 年版,第 164 页。
② 参见钱大昕:《中庸说》,载《潜研堂文集》卷三。

者文明共同体，而"文化中国"的核心价值观就是中道。

苏秉琦先生认为"中国"概念发展经历了"三部曲"。"史书记载，夏代以前有尧舜禹，他们的活动中心在晋南一带。'中国'一词的出现也正在此时，尧舜时代，万邦林立，各邦的'诉讼''朝贺'，由四面八方'之中国'，出现了最初的'中国'概念，这还只是承认万邦中有一个不十分确定的中心，这时的'中国'概念也可以说是'共识的中国'，而夏、商、周三代，由于方国的成熟与发展，出现了松散的联邦式的'中国'，周天子的'普天之下，莫非王土；率土之滨，莫非王臣'的理想的'天下'。理想变为现实是距今两千年的秦始皇的统一大业和秦汉帝国的形成。从共识的'中国（传说中的五帝时代，各大文化区系间的交流与彼此认同）'，到理想的中国（夏商周三代政治文化上的重组），到现实的中国——秦汉帝国，也相应地经历了'三部曲'的发展。"① 笔者认为应该补充第四部曲，即现代的中国——现代民族国家。这就需要对传统"中国"概念加以现代转化和重构。

晚清以来，中国知识分子面对西学东渐，开始反思和矫正传统的中国观，"近代中国面临西方列强侵略的威胁，经济及社会生活又日益纳入世界统一市场，那种在封闭环境中形成的虚骄的'中国者，天下之中'观念已日显其弊。具有近代意义的'民族国家'意识应运而生，以争取平等的国家关系和公正的国际秩序"②。他们认识到

---

① 苏秉琦：《中国文明起源新探》，生活·读书·新知三联书店1999年版，第161页。

② 冯天瑜：《"中国"词义考》，《北京日报》2013年3月11日。

"中国"是"万国之一",开始构建现代民族国家意义上的"中国"。郑观应突破"王者无外"、中国在世上"定于一尊"的传统观念,指出国人必须"自处为万国之一",以改变"孤立无援,独受其害"①的窘况。魏源是近代中国"睁眼看世界"的首批知识分子代表,他学习世界地理知识,承认除"中国"以外,世界还有其他先进文明,认识到世界上许多国家都有自己的"中国"观。他在《海国图志》中写到:"释氏皆以印度为中国,他方为边地……天主教则以知德亚为中国,而回教以天方国为中国。"② 皮嘉佑的《醒世歌》亦言:"若把地图来参详,中国并不在中央。地球本是浑圆物,谁是中央谁四旁?"③ 梁启超曾痛心地指出国人没有现代民族国家观念,"一曰知有天下而不知有国家,二曰知有一己而不知有国家"④。他之所以这样说,是因为当时的国人在面对"世界万国"的国际局面时不知所措。他所说的"国家"不是中国古代"家—国—天下"体系中的"国家",而是现代意义上的民族国家。他批评彼时中国"立国于世界者数千年,而至今无一国名也。夫曰支那也,曰震旦也,曰钗拿也,是他族之人所以称我者,而非吾国民自命之名也。曰唐虞夏商周也,曰秦汉魏晋也,曰宋齐梁陈隋唐也,曰宋元明清也,皆朝名也,而非国名也。盖数千年来,不闻有国家,但闻有朝廷"⑤。"吾人所最

① 郑观应:《易言·论公法》,载《郑观应集》上,上海人民出版社1982年版,第66—67页。
② 《魏源全集》第七册,岳麓书社2004年版,第1821页。
③ 皮嘉佑:《醒世歌》,《湘报》1898年3月16日,第二十七号。
④ 梁启超:《新民说》,商务印书馆2016年版,第60页。
⑤ 梁启超:《中国积弱溯源论》,载《饮冰室文集》之五,中华书局1989年版,第15页。

惭愧者，莫如我国无国名之一事。"① 梁启超认为，"中国"这个词虽然很早就有，但历代家天下有作为一姓之私业的朝代名而没有作为全国人公产的国家名，而他心目中的国家显然是现代民族国家。以上内容都是近代以来中国知识分子对中国为天下中心传统观念的理性反思、修正重构。

今天，"中国"概念的当代重构要传承几千年的"中道"传统。中道是中国古代圣圣相传的道统的核心观念，是中华文明有别于世界上其他文明的本质特征。中国历来是最崇尚中道的国度，这一点在世界上绝无仅有。清廷官员志刚随团出访欧美时，总有人质问他："地球上无之而非国也，'中国之说何谓也'？"志刚解释说："中国者，非形势居处之谓也。我中国自伏羲画卦以来，尧、舜、禹、汤、文、武、周公、孔、孟所传，以至于今四千年，皆中道也……所谓'中国者'，固由历圣相传中道之国也。而后凡有国者，不得争此'中'字矣。"② 此一说很具有代表性。中国并不是地理位置处于世界正中，而是因为以历代圣圣相传的中道立国，所以称为"中国"。世界上其他国家都无"中道"之说，因此，不能争这个"中"字。方东美说："从儒家思想来看，在《汉书·谷永传》里有'建大中以承天心'，吾国古代的传统思想上，总是要发挥中庸或中道的精神。'中'字代表中国整个的精神。"③ 他认为"中"代表了中国整体的精神。萧兵

---

① 梁启超：《中国史叙论》，载《饮冰室文集》之六，中华书局1989年版，第3页。

② 志刚：《初使泰西记》，载钟叔河主编：《走向世界丛书》，岳麓书社1985年版，第376页。

③ 方东美：《原始儒家道家哲学》，中华书局2012年版，第9页。

指出："中国人'向心'和'尚中'的观念确实根深蒂固,中国大一统趋势自古迄今从来不可抗拒!'向心'的运动,'统一'的大势,虽然跟'尚中'机制不是一回事,但是两者又紧密相关,相互促补,无法分割。"① 就是说,政治上的大一统与中国人崇尚中道有着密切关系。林语堂说:"中庸之道在中国人心中居极重要之位置,盖他们自名其国号曰'中国',有以见之。中国两字所包含之意义,不止于地文上的印象,也显示出一种生活的轨范。"② 中国人信奉中庸之道,由此形成了一种合乎中道的生活方式。所以,"中道"是"中国"思想内涵的核心,也是"中国"概念当代重构的要义。

参 考 文 献

郑樵:《三皇纪》,载《通志》卷一。

皇甫湜:《皇甫持正集》卷二。

程晏:《内夷檄》,《全唐文》卷 82。

陈黯:《华心》,《全唐文》卷 767。

韩愈:《韩愈文集汇校笺注》,中华书局 2010 年版。

陆九渊:《陆九渊集·讲义》,钟哲点校,中华书局 1980 年版。

石介:《中国论》,载《徂徕集》卷十,钦定四库全书本。

石介:《怪说上》,载《徂徕集》卷五,钦定四库全书本。

方孝孺:《夷齐》,《逊志斋集》卷二,《后正统论》。

方孝孺:《夷齐》,《逊志斋集》卷五,四库全书本。

吴澄:《书纂言》卷一,四库全书本。

钱大昕:《中庸说》,载《潜研堂文集》卷三。

---

① 萧兵:《中庸的文化省察——一个字的思想史》,湖北人民出版社 1997 年版,第 742 页。

② 林语堂:《吾国与吾民》,华龄出版社 1995 年版,第 110—111 页。

《魏源全集》第七册，岳麓书社 2004 年版。

郑观应：《易言·论公法》，载《郑观应集》上，上海人民出版社 1982 年版。

康有为：《诸夏音转为诸华诸华音转为支那考》，载《康有为全集》第五集，中国人民大学出版社 2007 年版。

梁启超：《新民说》，商务印书馆 2016 年版。

梁启超：《中国积弱溯源论》，载《饮冰室文集》之五，中华书局 1989 年版。

梁启超：《中国史叙论》，载《饮冰室文集》之六，中华书局 1989 年版。

柳诒徵：《中国文化史》上卷，东方出版社 2008 年版。

梁漱溟：《中国文化要义》，学林出版社 1987 年版。

冯友兰：《中国哲学简史》，北京大学出版社 1985 年版。

林语堂：《吾国与吾民》，华龄出版社 1995 年版。

于省吾：《释"中国"》，载《中华学术论文集》，中华书局 1981 年版。

傅斯年：《诗经讲义稿》，载《傅孟真先生集》第 1 册，台北经联公司 1980 年版。

志刚：《初使泰西记》，载钟叔河主编：《走向世界丛书》，岳麓书社 1985 年版。

杨度：《金铁主义说》，载《杨度集》（一），湖南人民出版社 1986 年版。

缪凤林：《中国民族史序论》，载沙香莲主编：《中国民族性》，中国人民大学出版社 1989 年版。

萧兵：《中庸的文化省察——一个字的思想史》，湖北人民出版社 1997 年版。

苏秉琦：《中国文明起源新探》，生活·读书·新知三联书店 1999 年版。

方东美：《原始儒家道家哲学》，中华书局 2012 年版。

何驽：《陶寺圭尺"中"与"中国"概念由来新探》，载《三代考古》四，科学出版社 2011 年版。

何驽：《陶寺考古：尧舜"中国"之都探微》，载《帝尧之都 中国之源——尧文化暨德廉思想研讨会文集》，中国社会科学出版社 2015 年版。

傅斯年：《新获卜辞写本后记跋》（1930 年），载《安阳发掘报告》第二期，中研院—历史语言研究所 1992 年版。

　　［英］罗素：《中国问题》，秦悦译，学林出版社 1999 年版。

　　皮嘉佑：《醒世歌》，《湘报》1898 年 3 月 16 日，第二十七号。

　　章太炎：《中华民国解》，《民报》1907 年 7 月，第十五号。

　　冯天瑜：《"中国"词义考》，《北京日报》2013 年 3 月 11 日。

　　何驽：《陶寺考古初显尧舜时代的"天下观"》，《中国社会科学报》2015 年 6 月 5 日。

　　李扬：《陶寺遗址："最初中国"的样貌》，《文汇报》2018 年 7 月 22 日。

　　孙庆伟：《最早的中国：黄帝部落的文化初觉》，《北京日报》2019 年 1 月 21 日。

　　喻希来：《重新审视中国历史大时代》，《战略与管理》2000 年第 5 期。

　　韩星：《黄帝、中道与何以中国》，《中国社会科学院大学学报》2022 年第 12 期。

在追溯中华文脉中读懂"文明中国"

李新伟[*]

一万多年前，现代人已遍布世界各地，但只有少部分人群，独立开始驯化野生作物，完成农业革命，开启文明进程。距今五千多年，其中更少的人群完成伟大文明的创立。将文明与协和万邦的政治理想、大一统的治理体系相互融合，构建多元一体的文明型国家，绵延五千多年，仍生机勃勃，如同少年，只有中国。

2023 年 6 月，习近平总书记在文化传承发展座谈会上发表重要讲话，提出中华文明具有五个突出特性，即突出的连续性、突出的创新性、突出的统一性、突出的包容性、突出的和平性。中华文明五个突出特性的基因在五千多年前中华文明形成时期便已经开始孕育，成为最深远的中华文脉，也成为中国何以成为中国的根本原因。这些特性的形成，与中华文明独特的"多元一体"形成过程密切相关。考

　＊ 李新伟，中国社会科学院考古研究所考古学理论研究室主任、研究员，中国社会科学院习近平新时代中国特色社会主义思想研究中心研究员。

古学依据丰富的出土资料对这一进程的最新阐释，打破了古史记载的鸿蒙混沌，将追溯中华文脉和解读"文明中国"的时间轴线延伸至中华文明起源和形成时期。

万年农业起源孕育优秀文明基因

孕育我们文明的摇篮，山川壮丽，环境多元。中国地势如同三级巨大的阶梯，世界屋脊青藏高原倚天而立，为第一级；大兴安岭、太行山、巫山和湘西群山由东北绵延到西南，西为以黄土高原为核心的第二级；东为各大平原和丘陵组成的第三级。既以江河为经络，山脉为骨骼，浑然而为一体；又有千差万别的地理单元。既有高山、流沙阻隔，呈独立之势；又东南面向海洋、西北通达欧亚大陆腹心。中国人的祖先，钟天地之灵秀，得物华天宝，在辽阔的地理空间中，多元发展，再熔多元为一体，以成文明，以成中国。

万年之前的新石器时代，中国先民烧制出目前所知世界最早的陶容器，开始世界最早的对稻米和粟、黍的人工栽培，以突出的创新性，为人类生存和发展作出特殊贡献，也为中华文明起源奠定坚实基础，培育着以农为本的重要基因。

距今 9000 至 6000 年，各地区形成多元文化传统，中华文明的优秀要素在不同地区孕育、生长，焕发勃勃生机。距今 8000 年的西辽河流域兴隆洼文化，内蒙古敖汉旗兴隆洼遗址出现面积 3 万多平方米的环壕聚落，百余间半地穴式房屋成排布列，规划有序，最大房址占据聚落中心。距今 7000 年左右，覆盖黄土高原的仰韶文化蓬勃发展。临潼姜寨遗址为揭露最完整的仰韶文化早期村落，聚落布局呈现出另一种向心模式。约 120 座房屋围绕中心广场分为东、南、西、西北、北五个房屋组，外围有壕沟围护。每组房屋代表一个亲属组织，整个聚落代表一个更大的亲属集团。

聚落模式虽然多元，但都表明农业社会的生产、生活方式，滋养着亲情，培育出以血缘为基础的定居氏族组织，成为此后大规模政治组织的基础。对家族兴旺的责任和对祖先的敬奉，也成为我们重要的文明基因，奠定家国一体的政治理念的基础。

为掌握农时，中国先民仰观天文，俯察地理，在斗转星移、四季变化中，以独特的智慧，思考宇宙运行、万物繁育之奥秘。在距今近 8000 年的长江中游高庙文化精致白陶器上，出现精美繁缛的戳印图像，其最重要的主题是有巨大勾喙的神鸟。神鸟的双翅或向上扬起，或向两侧展开，有各种图案，包括有四颗獠牙的大嘴、中心有圆点或者十字的圆圈和表现四面八方的符号。我们推测，这些几何符号，代表的是位居天顶的天极，獠牙大嘴是天极之神的动物形象。如此令人惊叹的白陶图像，表现的正是高庙文化时期的"天极宇宙观"，"天极宇宙观"的形成对中华文明的形成和早期发展有着极其重要的意义。

西辽河流域，玉器这一中华文明的重要文脉，在兴隆洼文化中初放异彩，其渊源或可追溯到距今约 9000 年的黑龙江小南山遗址。玉器种类不但有玦和坠等饰品，还出现模仿昆虫的特殊器物。美玉制作的饰物，从最初出现开始，不仅是为了美观，也会赋予佩戴者特殊能力。在内蒙古林西白音长汗遗址兴隆洼文化墓葬随葬玉器中,一件形如柞蚕之蛹,另两件与柞蚕幼虫颇相似,可见佩戴者对昆虫蜕变和羽化之力的信仰。在仪式活动中,他们正是要凭借这样的神奇力量,羽化飞升,上天入地,沟通天地神灵。这样的万物有灵、人与自然万物密切联系的原始信仰,可以说是"天人合一"观念的萌芽。

距今 7000 年后,仰韶文化的彩陶开始繁荣,图案主题最初是对鱼的写实和抽象表现,并有人面鱼身的形象,此后更出现鱼中有鸟的"鱼鸟组合"主题,表达对重生转化的思考和对万物繁育的祈愿。距今 6000 年后,仰韶文化进入庙底沟类型时期,彩陶艺术高度发展,掀起波及各地的史前艺术浪潮。鱼鸟主题被以各种或复杂、或简化、或图案化的形式表现出来。

在对"天极宇宙观"的思考和对万物沟通转化的信仰中,先民们尝试以"天人合一"的理念沟通天地,协调自然和人类的关系,促进万物生长和社会繁荣,并酝酿着新的社会发展。

多元一体创生五千多年文明

距今 6000 至 5000 年,是中华文明形成的灿烂时期。各地普遍发生跨越式社会发展,形成众多"高于氏族部落的、稳定的独立的政治实体"——"古国",如满天星斗,各放异彩,凸显了多元特色。

长江流域的凌家滩社会和西辽河流域的红山社会选择"宗教取向"的发展道路。在凌家滩遗址随葬品最丰富的大墓中,填土里埋有一件长 72 厘米、重达 88 千克的玉猪，为中国史前时代最大的玉雕作品。该墓共有随葬品 330 件，包括玉器 200 件。凌家滩玉器多具有宇宙观内涵。其中，玉版上面刻画着复杂的图案：中心双重圆圈代表圜天，中心的八角星纹代表天极，玉版方形的轮廓象征大地。

辽宁建平的牛河梁遗址群，为红山文化仪式活动中心。方圆 50 平方千米的范围内，遍布祭坛和积石冢。高等级墓葬中几乎只随葬玉器，种类包括猪龙形器、勾云形器、斜口筒形器、鸟、昆虫、玉人等，均具有宗教内涵。墓主人明显属于掌握宗教权力的特殊阶层。

很明显，"天极宇宙观"是凌家滩和红山文化宗教信仰的核心内容，世俗社会的领导者同时具有最高宗教能力和权力，可以在如同昆虫"蜕变"和"羽化"的通灵状态下，实现与神鸟的转化，与天极之神沟通，维护天极之稳定和宇宙秩序的正常运行。这样的宗教信仰，被以前所未有的人力和物力进行"物化"，形式包括营建大规模仪式中心，以及用玉等珍贵材质制作仪式用品。

黄淮下游、以泰山为中心的山东和江苏北部，被称作"海岱"地区，此时期为大汶口文化早期。高等级墓葬即有超过 100 件随葬品，并包括大量杯、豆等食器。大汶口文化中晚期，形成规范的棺椁制度，大型墓葬多有木椁，或一棺一椁或一棺二椁。随葬品摆放的位置因此也分为棺内身边、椁内和椁外等不同空间，提供了更为丰富的表达礼仪的空间，表现出明确的"礼制"特征。长江下游地区崧泽文化选择的社会发展道路与大汶口文化相似。

仰韶文化进入庙底沟类型时期也取得显著社会发展。河南灵宝铸鼎原周围的系统聚落调查显示，该地区的聚落数量和总面积急剧增长，出现超大型遗址和区域聚落等级分化。最大的北阳平遗址面积近100万平方米，次一级的中心性聚落西坡遗址面积40多万平方米。西坡遗址中心为广场，其四角各有一座大型半地穴房屋。西北角的房屋室内面积约200平方米，外有回廊，占地面积达500余平方米，是当时最大的单体建筑。这些房屋的规模、装饰方式和重要位置均表明，它们不是普通人的居所，而应是举行大型公共活动的场所。但西坡大型墓葬中，并无奢华随葬品。很明显，庙底沟社会继承仰韶文化早期传统，选择了注重宗族整体团结和福祉的社会发展道路。

尤为引人注目的是，各地区在社会普遍发展的同时，相互交流也日趋密切。新涌现的社会上层们为了获取远方珍稀物品和神圣知识、宣示自己超越本地民众的特殊能力，努力开展远距离交流，形成链接各主要文化区的远距离交流网。交流内容主要是原始宇宙观、天文历法、高级物品制作技术、丧葬和祭祀礼仪等当时最先进的文化精粹。彩陶之美、美玉之灵、斧钺之威、仪式之礼，广为传播。这样的交流使各地区成为共享文化精粹的共同体，即"最初的中国"，正是此后多民族统一国家的最初雏形，孕育出中华文明统一性的最初基因。中华文明汇聚"多元"为"一体"的进程由此开启。

距今5000多年，良渚文化在环太湖地区崛起，出现内外城面积约600万平方米的超大规模都邑、调节面积110平方千米的大型农田水利设施、被称作"王陵"的高等级墓地、标志王权和军权的豪华玉钺和蕴含"天极宇宙观"信仰的成套玉礼器，这标志着经济、政治和文化的高度发展、系统化宗教的形成和早期国家的建立，成为中华文明形成的重要标志。

良渚文化的主体人群是本地崧泽文化先民，崧泽社会采取的是世俗权力为核心的发展道路。但是良渚早期国家的权力结构明显以神权为核心。玉钺上都有典型的"神人兽面"纹饰。这样的以宗教权力为核心凝聚大规模人群和构建早期国家的方略，明显是借鉴红山文化和凌家滩社会实践的结果。良渚玉器上精细刻画的"神人兽面"图像，表现的是良渚王者在通灵状态下，与神鸟沟通结合，成为"人面神鸟"，托负猛虎形象的天极神兽，维护宇宙正常运转，这是自高庙文化时期已经出现，经红山文化和凌家滩发展成熟的、以对天极之神的崇拜和沟通为核心的宗教观念。昆虫蜕变和羽化信仰也是良渚宗教的重要内容。良渚文化早期的北村大墓和中期的反山大墓中都随葬有玉蝉。在广泛借鉴的基础上，良渚社会上层将原始宗教发展到了新的高度，更规范的玉器形制和玉器上更整齐划一的刻画图像，更高水平的制玉技术，以及玉礼制在整个良渚文化分布区大范围的广泛使用，均表明宗教观念和仪式的制度化。

因此，良渚文化是"最初的中国"这一文化共同体形成后的第一个灿烂结晶，是融合式发展结出的第一个硕果。良渚文化在多元互动中兼收并蓄，以包容性推动经济、制度和文化的创新发展，为"最初的中国"的后续发展提供了范例。

大一统理想的形成和实践催生早期王朝和"文明型国家"

距今 4300 年前后，金属冶炼技术和小麦、羊、牛自欧亚大陆草原地带传播而来，为中华文明的发展注入新鲜元素。良渚文化时期渐趋成熟的世俗权力与宗教权力相互促进的道路被继承和发展，"钦若昊天"与"克明俊德"并重，成为各地区领导者努力探索的发展道路。

与文献中尧舜活动中心契合的晋南地区，陶寺文化蓬勃发展，以面积约 300 万平方米的陶寺遗址为都邑，完成早期国家的构建。遗址发现确定节气的天文观测设施；大型"王墓"中，着意展示来自不同地区的仪式用品，以彰显包容四方的愿望和能力。《尚书·尧典》中"协和万邦"和"光被四表"的记载，或许正是以陶寺领导者的真实政治实践为背景的追述。"最初的中国"形成之初孕育的"统一性"基因，至此发展为政治理想，并被付诸实践。

距今约 3800 年至 3500 年，很可能对应夏王朝的二里头文化在洛阳盆地勃兴，继续实践"协和万邦"的政治理念，完成了具有划时代意义的、中国历史上第一个王朝的构建。夏王朝的形成，是环嵩山地区龙山社会与各地区激荡碰撞、风云际会、融合互鉴的结果。二里头遗址发现有来自南方的印文硬陶、鸭形壶和海贝，来自西北地区的青铜战斧和环首刀，来自东方的酒器，肖家屋脊文化风格的玉器。二里头文化的典型礼器玉牙璋和陶礼器广泛传播。

《尚书·禹贡》的最初版本很可能在二里头时期已经出现，成为推进各地区一体化进程的极具政治智慧的、充满包容性、和平性及人文关怀的宣传方案：无我为民、"三过家门而不入"的大禹，梳理山河，治平水患。"禹迹"所到之处，成为与蛮荒之地迥然有别的文明世界。因为禹的功绩，九州一统有了充分理由，一统的九州由像禹一样的圣王统治、四方朝服也成为顺理成章的政治体系。

考古证据与文献记载如此契合，让我们有理由相信，高居二里头遗址宫殿中的王者，具有胸怀天下的政治理想，并以最强大的文化中心的地位，在甚至超出九州的地理范围内施展政治、经济和军事手段，获取资源、推广礼仪。"最初的中国"进入核心文化引领的新阶段，中华文明的统一性开始深入人心。

夏商文化一脉相承，"文化既尔，政治亦然"。商人信仰体系中至高无上的"帝"，正是天极之神演变而来。《诗经·商颂·殷武》云："商邑翼翼，四方之极"，以天极比喻商的都邑在天下四方中的核心地位。商人称其都邑为"中商"，将周边地区分为东、西、南、北"四土"，建立"内服"和"外服"体系，"天下政治观"被落实为具体的政治制度。

距今约 3100 年，完成克商大业的周人，以"天"取代商人的"帝"。天按照万物至理运行，又可体察万物之情，与圣人和君主感应。天是否赋予君主治理天下的"大命"，只有一个标准，就是他是否有"德"，而德最核心的内容，是"保民"。正如《尚书·泰誓》宣告的："民之所欲，天必从之"。闪烁着如此温暖的人文光辉的新政治思想，标志着宗教性的"天下政治观"的人文化、"天人合一"信仰的道德化。在此基础上，周人以极具创新性的宗法分封制，完成了领先于世界文明的广域多元国家的构建，奠定了绵延至今的"大一统"政治传统，完成了"文明型国家"的构建。

追溯文脉，为人类文明新形态实践提供理论支撑

考古探源清晰揭示，我们的文明在距今5000多年前，就形成了多元一体的文明共同体。在距今4000年前后，由"天极宇宙观"发展出"天下政治观"，开始了对广域、多元、一统的"文明型国家"的创新性政治构想，由此激发的政治实践，充满包容性与和平性，闪耀着天人合一、以民为本、家国一体、多元一统、协和万邦的中国智慧。以世界文明的视角观察，唯有中华文明的形成如此气势恢宏，在覆盖长江、黄河及辽河流域的面积近300万平方公里的"最初的中国"的范围内、以"多元一体"的形式展开。中华文明起源和形成历程中开辟的独特道路，以及在此历程中孕育的突出特性和深远文脉，是中国何以成为中国的根源。

"如果没有中华五千年文明，哪里有什么中国特色？"习近平总书记一语道出中华民族的自信之源。站在新百年起点的中国共产党，以"中国式现代化"为奋斗目标，提出"创造人类文明新形态"的宏愿，这样的自信，正是建立在源远流长、博大精深之中华文明的深厚根基之上。在中国考古学的新百年的起点，广大考古工作者应牢记习近平总书记的嘱托，深化"中华文明探源工程"和"考古中国"项目的各项研究，建立中国特色、中国风格、中国气派的文明研究学科体系、学术体系、话语体系；追溯文明根脉，为建设人类文明新形态的实践提供有力理论支撑。

参 考 文 献

刘莉、陈星灿：《中国考古学：旧石器时代晚期到早期青铜时代》，北京：生活·读书·新知三联书店，2017年。

苏秉琦：《中国文明起源新探》，北京：生活·读书·新知三联书店，2019年。

李伯谦：《中国古代文明演进的两种模式——红山、良渚、仰韶大墓随葬玉器观察随想》，《文物》2009年第3期。

文化上和政治上早期中国的起源与形成

韩建业*

要厘清中国的起源这个重要问题，首先需要明确"中国"一词的内涵。大多数时候所谓"中国"是中华人民共和国的简称，是政治意义上的中国。有时候所谓"中国"是"中国（中华）文明""中国（中华）民族"等语境里的中国，是文化意义上的中国。自古以来，政治上的中国指囊括现在中国全部或大部疆域在内的统一国家，文化上的中国则是由中国全部或大部疆域内相似文化组成的共同体，也可称之为"中国文化圈"。虽然文化上和政治上的中国内部单元的划分并不完全一样，但总体而言都具有统一性特征，其地理空间也基本一致。从历史上来看，政治上的中国分分合合，而文化上的中国却始终只有一个且持续稳定发展。可以说文化上的中国是政治上的中国分裂时向往统一、统一时维护和强化统一的重要基础。

文化上和政治上的中国，都至少可以前溯至秦汉时期。但再向前

* 韩建业，中国人民大学历史学院教授、博导，教育部"长江学者奖励计划"特聘教授。

溯源对这一问题就有了不同认识。20 世纪八九十年代，严文明提出的"重瓣花朵式"史前中国文化格局①，张光直提出的"中国相互作用圈"或"最初的中国"②，苏秉琦提出的"共识的中国"③，都明确将文化上的中国追溯到史前时期。21 世纪之后我们进行了接续性的研究，提出了文化上的早期中国或早期中国文化圈的概念④，还就相关问题展开了热烈的讨论⑤。政治上的最早中国，学者提出了起源于西周⑥、夏代晚期的二里头⑦、早于夏代的陶寺⑧等各种不同观点，还有学者甚至提出最早的中国须从轩辕黄帝算起⑨。现在看来，无论是文化上还是政治上的早期中国，其起源形成过程、空间范围结构、表现特征等，都仍有进一步探讨的必要。

---

① 参见严文明：《中国史前文化的统一性与多样性》，《文物》1987 年第 3 期。

② 张光直：《中国相互作用圈与文明的形成》，载《庆祝苏秉琦考古五十五年论文集》，文物出版社 1989 年版，第 6 页。

③ 苏秉琦：《中国文明起源新探》，生活·读书·新知三联书店 1999 年版，第 161—162 页。

④ 参见韩建业：《中国北方地区新石器时代文化研究》，文物出版社 2003 年版，第 268 页；韩建业：《早期中国：中国文化圈的形成和发展》，上海古籍出版社 2015 年版。

⑤ 参见张致政、程鹏飞、褚旭等：《文化上"早期中国"的形成和发展学术研讨会纪要》，《南方文物》2011 年第 4 期；李新伟：《"最初的中国"之考古学认定》，《考古》2016 年第 3 期；徐良高、周广明：《当代民族国家史的构建与"最早的中国"之说》，《南方文物》2016 年第 4 期；张国硕：《也谈"最早的中国"》，《中原文物》2019 年第 5 期。

⑥ 参见李零：《禹步探原——从"大禹治水"想起的》，《书城》2005 年第 3 期。

⑦ 参见许宏：《最早的中国》，科学出版社 2009 年版，第 226—229 页；杜金鹏：《"最早中国"之我见》，《南方文物》2019 年第 6 期。

⑧ 参见何驽：《最初"中国"的考古学探索简析》，载《早期中国研究（第 1 辑）》，文物出版社 2013 年版，第 36—43 页。

⑨ 参见孙庆伟：《"最早的中国"新解》，《中原文物》2019 年第 5 期。

文化上早期中国的起源

文化上的早期中国，指秦汉以前中国大部地区文化彼此交融联系而形成的相对的文化共同体，也可称为早期中国文化圈。从对考古材料的分析来看，其起源可以追溯到距今 8000 多年前的新石器时代中期。

中国各区域文化的交流融合在旧石器时代即已开端。距今约 1 万多年前进入新石器时代后，各区域间文化的交流更加明显，在中国中东部地区形成五大文化系统，彼此之间已经存在一些联系。距今 8000 多年后各区域间的文化交流加速，中国大部地区整合成四个文化系统，且各文化系统之间开始接触融合——可能受到长江下游上山文化的陶壶等泥质陶器的影响，裴李岗文化出现泥质陶，裴李岗文化人群的西进催生了渭水和汉水上游地区白家文化的诞生，裴李岗文化向北对华北的磁山文化、向南对长江中游的彭头山文化都有影响①。正是由于中原地区裴李岗文化发挥了纽带作用，四个文化系统初步联结为一个相对的文化共同体，从而有了早期中国文化圈或文化上早期中国的起源。

令人称奇的是，在裴李岗时代形成雏形的文化上早期中国范围内，已经出现了共有的"一元"宇宙观、伦理观、历史观，诞生了"敬天

① 参见韩建业：《裴李岗文化的迁徙影响与早期中国文化圈的雏形》，《中原文物》2009 年第 2 期。

法祖"信仰，孕育了整体思维、天人合一、追求秩序、稳定内敛等文化基因。中华先民的"一元"宇宙观，即"天圆地方"观和敬天观，体现在八角形纹①、龙凤纹②及其祀天仪式③，含石子龟甲④、八卦符号⑤及其数卜龟占行为中，还体现在骨"规矩"、骨律管及其观象授时行为⑥等方面。共有的"一元"伦理观和历史观，是指重视亲情、崇拜祖先、牢记历史的观念，集中体现在"入土为安"的"族葬"

---

① 湖南洪江高庙遗址白陶祭器上面的八角形纹可能表达"天圆地方"观。参见贺刚：《湘西史前遗存与中国古史传说》，岳麓书社 2013 年版，第 342—345 页；湖南省文物考古研究所：《洪江高庙》，科学出版社 2022 年版，第 1284 页。

② 高庙遗址白陶上的大口獠牙双翼飞龙纹、双翼飞凤纹、"天梯"纹应当与"通天"观念有关，遗址中大型祭坛上的"排架式梯状建筑"或者"通天神庙"遗迹，瘗埋有焚烧过的动物骨骼的祭祀坑等，是当时存在祀天仪式和敬天信仰的表现。类似高庙文化的龙形象，还见于同时期西辽河流域的兴隆洼文化，比如辽宁阜新塔尺营子遗址的大口獠牙龙纹石牌，阜新查海遗址的堆塑石龙。参见刘勇：《辽宁阜新查海遗址发现七千五百年前石雕神人面像》，《光明日报》2019 年 9 月 29 日；辽宁省文物考古研究所：《查海——新石器时代聚落遗址发掘报告》，文物出版社 2012 年版。

③ 参见韩建业：《中国新石器时代的祀天遗存和敬天观念——以高庙、牛河梁、凌家滩遗址为中心》，《江汉考古》2021 年第 6 期。

④ 贾湖墓葬中随葬有内含石子的龟甲，有的龟甲上还刻有可能表示占卜结果的字符，应当是八卦类龟占数卜工具。参见河南省文物考古研究所：《舞阳贾湖》，科学出版社 1999 年版；宋会群、张居中：《龟象与数卜：从贾湖遗址的"龟腹石子"论象数思维的源流》，载《大易集述：第三届海峡两岸周易学术研讨会论文集》，巴蜀书社 1998 年版，第 11—18 页。

⑤ 在长江下游浙江义乌桥头遗址上山文化陶器上，发现了六画一组的八卦类卦画符号；在萧山跨湖桥遗址跨湖桥文化的角器、木器上，发现了六画一组的八卦类数字卦象符号，这些与同时期贾湖的数卜当属一个传统。参见国家文物局：《浙江义乌桥头新石器时代遗址》，载《2019 中国重要考古发现》，文物出版社 2020 年版；王长丰、张居中、蒋乐平：《浙江跨湖桥遗址所出刻划符号试析》，《东南文化》2008 年第 1 期。

⑥ 贾湖遗址中经常与龟甲一起出土的骨"规矩"，可能是规划天地、观象授时的工具，骨笛被认为是天文学仪器"律管"。参见王楠、胡安华：《印证神话传说：贾湖遗址发现骨制"规矩"》，《中国城市报》2019 年 7 月 22 日；冯时：《中国天文考古学》，社会科学文献出版社 2001 年版，第 195—197 页。

习俗中①。这些中华文明原创思想的集中涌现，表明距今 8000 多年前中华文明起源已经迈开了第一步②。

古史传说里中华民族最早的先祖是"三皇"中的伏羲、女娲，事迹见诸周代两汉及以后的文献中，如伏羲作八卦③、观象授时④和女娲补天⑤等。距今 8000 多年前长江、黄河流域八卦符号、骨规形器等的发现，在一定程度上表明有关伏羲、女娲的传说可能并非子虚乌有。

文化上早期中国的形成

距今约 7000 年进入新石器时代晚期，即仰韶文化时期后，区域之间的文化交流融合趋势显著加快，进一步整合形成黄河流域、长江流域—华南、东北三大文化区或文化系统。距今 6000 年前后，中原核心区的仰韶文化东庄—庙底沟类型从晋南—豫西—关中东部核心区向外强力扩张影响，由此造成黄河上中游地区仰韶文化面貌空前一致的现象，而庙底沟式的花瓣纹彩陶则流播至中国大部地区：西至甘青

① 参见韩建业：《裴李岗时代的"族葬"与祖先崇拜》，《华夏考古》2021 年第 2 期。

② 参见韩建业：《裴李岗时代与中国文明起源》，《江汉考古》2021 年第 1 期。

③ 《周易·系辞下》："古者包羲氏之王天下也，仰则观象于天，俯则观法于地，观鸟兽之文，与地之宜。近取诸身，远取诸物。于是始作八卦，以通神明之德，以类万物之情。"

④ 《周髀算经》："古者包牺立周天历度"。

⑤ 《天问》："女娲有体，孰制匠之？"《列子·汤问》："天地亦物也。物有不足，故昔者女娲氏炼五色石以补其阙"。

和四川西北部，北至内蒙古中南部，东北至西辽河流域，东达海岱、江淮，南达江湘。此前的三大文化区或文化系统的格局因此大为改观，中国大部地区文化交融联系形成一个以中原为中心、包含三个层次的超级文化圈。与此同时，长江中下游地区的陶圈足盘和玉石钺等器类也流播至黄河中下游、珠江三角洲地区，甚至已经越过台湾海峡到达台湾岛。此外，先前已有的宇宙观、伦理观、历史观和知识系统在庙底沟时代得到继承和发展。

由于这个超级文化圈的空间范围涵盖后世中国的主体区域，三个层次的空间结构和夏商周时期的畿服制圈层政治结构有相近之处，"敬天法祖"等宇宙观、伦理观和历史观一直延续到后世中国，因此可以说庙底沟时代文化上的早期中国或"早期中国文化圈"正式形成①。

庙底沟时代恰好也是社会复杂化程度加剧的时期。此时晋、陕、豫中原核心地区聚落数量激增，出现面积达数十万甚至超百万平方米的中心聚落，聚落中还出现了面积达数百平方米的宫殿式建筑②。在庙底沟类型的影响刺激下，黄河下游、长江中下游和西辽河流域都普遍出现了社会变革。江淮地区凌家滩遗址中仅一座墓葬的随葬玉器就达 200 件之多③，西辽河流域的红山文化出现规模宏大的牛河梁大型

---

① 参见韩建业：《庙底沟时代与"早期中国"》，《考古》2012 年第 3 期。

② 参见河南省文物考古研究所、中国社会科学院考古研究所河南一队等：《河南灵宝西坡遗址 105 号仰韶文化房址》，《文物》2003 年第 8 期；中国社会科学院考古研究所河南一队、河南省文物考古研究所等：《河南灵宝市西坡遗址发现一座仰韶文化中期特大房址》，《考古》2005 年第 3 期。

③ 参见安徽省文物考古研究所：《安徽含山县凌家滩遗址第五次发掘的新发现》，《考古》2008 年第 3 期。

祭祀中心①。这些大型聚落、大型祭祀中心、大型建筑、大型墓葬的出现，表明当时中华文明起源已经迈开了第二步②。

政治上早期中国的起源

政治上的早期中国，指秦汉以前囊括中国大部地区的统一国家，其起源自然就与中国早期国家的形成相关。恩格斯提出的国家的标志，一是"按地区来划分它的国民"，就是主要根据地缘关系而非血缘关系来组织社会；二是"公共权力的设立"，集中体现在凌驾于社会之上的"王权"方面。以此衡量，距今5100年左右，至少在黄河中游和长江下游地区已经出现区域王权和地缘关系，达到了早期国家标准，其他区域社会也迈进了或者即将迈进国家社会的门槛，而社会剧烈分化的过程至少要追溯到距今大约5300年前。

距今大约5300年以后，黄河中游地区至少出现了3个区域中心。一是晋、陕、豫交界地带，主要体现在灵宝西坡遗址有了高级别的贵族墓地③。二是郑洛地区出现有宫殿式建筑的巩义双槐树中心聚

① 参见辽宁省文物考古研究所：《牛河梁——红山文化遗址发掘报告（1983—2003年度）》，文物出版社2012年版，第469—479页。

② 参见苏秉琦：《迎接中国考古学的新世纪》，载《华人·龙的传人·中国人——考古寻根记》，辽宁大学出版社1994年版，第238页；韩建业：《中华文明的起源和形成》，《中华民族共同体研究》2022年第4期。

③ 参见中国社会科学院考古研究所、河南省文物考古研究所：《灵宝西坡墓地》，文物出版社2010年版。

落①，其占地面积超过 100 万平方米。三是在陇山西侧出现占地约 100 多万平方米的甘肃秦安大地湾中心聚落，该聚落中出现面积约 420 多平方米的宫殿式建筑②。距今 5100 年左右进入铜石并用时代以后，在陇山以东出现了面积至少达 600 万平方米的庆阳南佐都邑聚落③。该聚落中部是由 9 座大型夯土台及其内外环壕围成的面积达 30 多万平方米的核心区，核心区中央有面积达上万平方米的带有夯土围墙和护城河的宫城区，宫城中心是建筑面积达 700 多平方米的坐北朝南的主殿。整体建设工程可能需要数千人工作至少两三年时间才能建设完成，建设过程中需要组织周围广大地区的大量人力物力，一定程度上凸显了区域王权与地缘关系，也意味着早期国家的出现。南佐的白陶、黑陶等特殊物品罕见且精美，应当是由高水平专业工匠制作而成，白陶、朱砂陶、绿松石饰品等的原料和大量水稻可能来自国家控制下的远距离贸易。

距今 5300 年左右在长江下游兴起良渚文化，约距今 5100 年良渚聚落初具规模，并形成以良渚聚落为中心的早期国家或者"古国"。良渚聚落有面积近 300 万平方米的内城、630 万平方米的外城，还有水坝、长提、沟壕等大规模水利设施。内城中部有人工堆筑的面积达

---

① 参见郑州市文物考古研究院：《河南巩义市双槐树新石器时代遗址》，《考古》2021 年第 7 期。

② 参见甘肃省文物考古研究所：《秦安大地湾——新石器时代遗址发掘报告》，文物出版社 2006 年版。

③ 参见韩建业、李小龙、张小宁、徐紫瑾：《甘肃庆阳市南佐遗址》，载《考古中国重大项目成果（2021）》，文物出版社 2022 年版，第 136—141 页；韩建业：《南佐"古国"：黄土高原上最早的国家》，《光明日报》2023 年 1 月 8 日。

30 万平方米的"台城"，上有大型宫殿式建筑①。城内有级别很高的反山墓地，墓中还发现了随葬 600 多件玉器的豪华墓葬②。在良渚古城周围约 50 平方公里的区域内，分布着 300 多处祭坛、墓地、居址、作坊等，可以分成三四个明显的级别③。良渚诸多大规模工程的建造、玉器等物品的制造、大量粮食的生产储备，都需调动大量人力物力，神徽、鸟纹、龙首形纹的普遍发现可能意味着整个太湖周围的良渚文化区已经出现统一的权力④和高度一致的原始宗教信仰体系，并且存在一种对整个社会进行控制的网络⑤。此外，距今 5000 年左右海岱地区大汶口文化墓葬棺椁成套、分化程度更甚，长江中游的屈家岭文化古城林立，其中规模最大的石家河城占地面积达两三百万平方米⑥。

距今约 4700 多年进入庙底沟二期或者广义的龙山时代以后，黄土高原尤其是陕北地区的遗址数量急剧增加，北方长城沿线涌现出许多具有突出军事性质的石城，同时在黄土高原文化的强烈影响下，内蒙古中南部、河北大部和河南中部等地的文化格局发生突变。这一系

---

① 参见浙江省文物考古研究所：《良渚古城综合研究报告》，文物出版社 2019 年版。

② 参见浙江省文物考古研究所：《反山》，文物出版社 2003 年版。

③ 参见张忠培：《良渚文化墓地与其表述的文明社会》，《考古学报》2012 年第 4 期。

④ 参见张驰：《良渚文化大墓试析》，载《考古学研究（三）》，科学出版社 1997 年版，第 57—67 页。

⑤ 参见赵辉：《良渚文化的若干特殊性——论一处中国史前文明的衰落原因》，载《良渚文化研究——纪念良渚文化发现 60 周年国际学术讨论会文集》，科学出版社 1999 年版，第 109—117 页。

⑥ 参见湖北省文物考古研究院、北京大学考古文博学院等：《天门石家河城址及水利系统的考古收获》，《江汉考古》2023 年第 1 期。

列现象应当是以黄土高原人群为胜利方的大规模战争事件的结果，很可能与文献记载中轩辕黄帝击杀蚩尤的涿鹿之战有关①。

我们看到，距今5100年左右形成的早期国家还局限在黄土高原和太湖周围这样的局部地区，且当时的国家形式只是拥有区域王权的"古国"或"邦国"②。而萌芽状态的"天下王权"，应当出现于"涿鹿之战"之后。按照《史记·五帝本纪》等文献的记载，轩辕黄帝征途所至，东至海岱、西至陇东、南达江湘、北到华北，当时已设官监国、诸侯来朝，俨然是"一统"的气象。这一说法可能有夸张的一面，但从考古发现看，距今4700多年黄土高原政权的对外扩张影响十分显著，至少在黄河流域可能一度实现以黄土高原为重心的原初的"一统"，长江流域很可能也受其节制，说明文献记载有真实历史背景。因此，政治上中国的起源应当在距今4700多年的庙底沟二期之初或者传说中的轩辕黄帝之时。

此时已经形成的文化上的早期中国继续发展壮大，最重要的表现是马家窑文化向西、向南的扩展。马家窑文化本身是仰韶文化拓展到甘青地区后与当地文化融合的产物，马家窑文化的人群在距今5000年左右向西南拓展至青海中部甚至进入青藏高原东南部，与当地文化融合形成具有特色的卡若文化等，还为青藏高原带去了黍、粟等作物种植；向西则已经延伸到河西走廊中西部。

---

① 参见韩建业：《中国北方早期石城兴起的历史背景——涿鹿之战再探索》，《考古与文物》2022年第2期。

② 参见苏秉琦：《迎接中国考古学的新世纪》，载《华人·龙的传人·中国人——考古寻根记》，辽宁大学出版社1994年版，第236—251页；严文明：《黄河流域文明的发祥与发展》，《华夏考古》1997年第1期；王震中：《邦国、王国与帝国：先秦国家形态的演进》，《河南大学学报（社会科学版）》2003年第4期。

政治上早期中国的形成

政治上早期中国的形成，当以距今 4100 年以后的初步"一统"国家夏的最早出现为标志。而这种"一统"的整合趋势在距今 4500 年左右进入狭义龙山时代后，明显加快了节奏。

距今约 4500 年，在晋南地区出现了占地面积近 300 万平方米的襄汾陶寺都邑聚落，其中包含宫城、大墓和"观象台"等①。同时或略晚在陕北地区出现有宫殿建筑的延安芦山峁遗址②，距今 4300 年在陕北地区出现面积达 400 万平方米的神木石峁石城③。在河南的王湾三期文化、造律台文化和海岱地区的龙山文化当中，也发现多个面积达数万到数十万平方米的古城。陶寺都邑的玉器、美陶等很多与礼仪相关的文化因素来自于海岱地区的大汶口文化晚期和良渚文化晚期，玉器又通过陶寺都邑聚落流播到芦山峁、石峁，甚至甘青和宁夏

---

① 参见中国社会科学院考古研究所、山西省临汾市文物局：《襄汾陶寺——1978—1985 年发掘报告》，文物出版社 2015 年版；何驽：《山西襄汾县陶寺中期城址大型建筑ⅡFJT1 基址 2004—2005 年发掘简报》，《考古》2007 年第 4 期；中国社会科学院考古研究所山西队、山西省考古研究所等：《山西襄汾县陶寺城址发现陶寺文化中期大型夯土建筑基址》，《考古》2008 年第 3 期。

② 参见陕西省考古研究院等：《陕西延安市芦山峁新石器时代遗址》，《考古》2019 年第 7 期。

③ 参见陕西省考古研究院等：《陕西神木县石峁遗址》，《考古》2013 年第 7 期；陕西省考古研究院等：《发现石峁古城》，文物出版社 2016 年版；陕西省考古研究院等：《陕西神木县石峁城址皇城台地点》，《考古》2017 年第 7 期；陕西省考古研究院、榆林市文物考古勘探工作队、神木市石峁遗址管理处：《石峁遗址皇城台地点2016—2019 年度考古新发现》，《考古与文物》2020 年第 4 期。

南部地区的菜园文化、早中期齐家文化，这些玉器的流播范围可能受政治因素的影响，当时可能存在一个以陶寺为都邑的早期国家，统治范围至少及于黄河流域。与此同时，长江中游地区屈家岭文化时期修建的多个古城仍然存在，上游地区的宝墩文化也发现多个古城，下游地区的良渚文化则进入没落阶段。长江流域文化和黄河流域文化的差别总体上比较明显，尤其是长江中游地区出现的与祭祀相关的陶套缸遗迹、数以十万计的红陶杯和红陶塑等，有着浓厚的地方特色，由此推测其与黄河流域文化属于不同的政治实体。

距今约 4100 年进入龙山时代后期，中原龙山文化大规模南下影响豫南和江汉两湖地区，很可能对应古史上的"禹征三苗"事件[1]，随即夏王朝诞生。通过"禹征三苗"，夏朝至少已将长江中游地区纳入版图，因此，《尚书·禹贡》等记载的夏禹划分的"九州"很可能有真实历史背景[2]。从这个意义上来说，夏朝初年夏王已经初步拥有"王天下"的"一统"政治王权[3]。文献记载中夏朝统治集团除夏后氏外还有许多其他族氏，亲缘与地缘（政治）关系得以紧密结合[4]，夏朝"九州"疆域更是统一天下的结果，政治上的早期中国自此正

---

① 参见杨新改、韩建业：《禹征三苗探索》，《中原文物》1995 年第 2 期。

② 参见韩建业：《龙山时代的文化巨变和传说时代的部族战争》，《社会科学》2020 年第 1 期；韩建业：《从考古发现看夏朝初年的疆域》，《中华读书报》2021 年 6 月 30 日。

③ 王震中所说夏商周时期的"复合制王朝国家"，实质就是"一统"政治中国的早期阶段。参见王震中：《夏代"复合型"国家形态简论》，《文史哲》2010 年第 1 期；王震中：《中国王权的诞生——兼论王权与夏商西周复合制国家结构之关系》，《中国社会科学》2016 年第 6 期。

④ 参见张光直：《从商周青铜器谈文明与国家的起源》，载《中国青铜时代》，生活·读书·新知三联书店 1999 年版，第 471 页；沈长云：《夏朝的建立与其早期国家形态》，《齐鲁学刊》2022 年第 1 期。

式形成。此后的商、周王朝时期政治上的早期中国得到进一步发展。

夏朝建立的时候,通过进一步的文化交融,文化上早期中国的范围西到新疆,西南到西藏、云南,南至两广地区,东南至包括台湾岛在内的沿海地区,东达山东半岛,东北达黑龙江地区,北部涵盖整个内蒙古中南部甚至更远的地区,其覆盖范围远大于秦汉以来大部分政治王朝的疆域,和清代鸦片战争前的疆域或现在的中国疆域比较接近。不仅如此,由于各区域文化要素的互相交融,源自中原的炊器鼎,源自东方的饮食器豆、圈足盘和酒器鬶、盉,源自华北的炊器鬲、斝,以及源自西方兴于中原的青铜器技术等,已经遍见于中国大部地区,形成我中有你、你中有我的局面。

结语

文化上的早期中国起源和形成的两个关键节点,分别是距今8000多年前和距今6000年左右。政治上的早期中国则起源于距今4700多年,可能对应传说中的轩辕黄帝时期,形成于距今4000年左右夏朝的建立。无论是文化上还是政治上的早期中国,都涵盖了中国大部地区,彼此具有很大的相关性。

进一步而言,文化上的早期中国具有"一元"的宇宙观、伦理观和历史观,形成了"多支一体"的圈层结构,政治上的早期中国则具有"一统"特征。"一元"宇宙观和相对独立的地理格局①，很大程度上决定了文化上中国的趋于"一体"和政治上中国的趋于"一统"，地理环境的广大多样性特征和文化上的"多支"又包含多种发展变化的可能性，既长期延续主流传统又开放包容，是一种超稳定文化结构。早期中华文明因此可称为"天下文明"模式，以区别于两河流域的"城邦文明"模式和尼罗河流域的"埃及文明"模式。"天下文明"模式，以及敬天法祖、诚信仁爱、和合大同等文化基因，是中华文明跌宕起伏而仍能连续发展的根本原因。

参 考 文 献

《周髀算经》

《周易·系辞下》

《列子·汤问》

《天问》

张光直：《中国相互作用圈与文明的形成》，载《庆祝苏秉琦考古五十五年论文集》，文物出版社 1989 年版。

苏秉琦：《迎接中国考古学的新世纪》，载《华人·龙的传人·中国人——考古寻根记》，辽宁大学出版社 1994 年版。

张驰：《良渚文化大墓试析》，载《考古学研究（三）》，科学出版社 1997 年版。

宋会群、张居中：《龟象与数卜：从贾湖遗址的"龟腹石子"论象数思维的源流》，载《大易集述：第三届海峡两岸周易学术研讨会论文集》，巴蜀书社 1998 年版。

苏秉琦：《中国文明起源新探》，生活·读书·新知三联书店 1999 年版。

河南省文物考古研究所：《舞阳贾湖》，科学出版社 1999 年版。

---

① 参见严文明：《中国史前文化的统一性与多样性》，《文物》1987 年第 3 期。

赵辉：《良渚文化的若干特殊性——论一处中国史前文明的衰落原因》，载《良渚文化研究——纪念良渚文化发现 60 周年国际学术讨论会文集》，科学出版社 1999 年版。

张光直：《从商周青铜器谈文明与国家的起源》，载《中国青铜时代》，生活·读书·新知三联书店 1999 年版。

冯时：《中国天文考古学》，社会科学文献出版社 2001 年版。

浙江省文物考古研究所：《反山》，文物出版社 2003 年版。

韩建业：《中国北方地区新石器时代文化研究》，文物出版社 2003 年版。

甘肃省文物考古研究所：《秦安大地湾——新石器时代遗址发掘报告》，文物出版社 2006 年版。

许宏：《最早的中国》，科学出版社 2009 年版。

中国社会科学院考古研究所、河南省文物考古研究所：《灵宝西坡墓地》，文物出版社 2010 年版。

辽宁省文物考古研究所：《查海——新石器时代聚落遗址发掘报告》，文物出版社 2012 年版。

辽宁省文物考古研究所：《牛河梁——红山文化遗址发掘报告（1983—2003 年度）》，文物出版社 2012 年版。

何驽：《最初"中国"的考古学探索简析》，载《早期中国研究（第 1 辑）》，文物出版社 2013 年版。

贺刚：《湘西史前遗存与中国古史传说》，岳麓书社 2013 年版。

韩建业：《早期中国：中国文化圈的形成和发展》，上海古籍出版社 2015 年版。

中国社会科学院考古研究所、山西省临汾市文物局：《襄汾陶寺——1978—1985 年发掘报告》，文物出版社 2015 年版。

陕西省考古研究院等：《发现石峁古城》，文物出版社 2016 年版。

浙江省文物考古研究所：《良渚古城综合研究报告》，文物出版社 2019 年版。

国家文物局：《浙江义乌桥头新石器时代遗址》，载《2019 中国重要考古发现》，文物出版社 2020 年版。

湖南省文物考古研究所：《洪江高庙》，科学出版社 2022 年版。

韩建业、李小龙、张小宁、徐紫瑾：《甘肃庆阳市南佐遗址》，载《考古中国重大项目成果（2021）》，文物出版社 2022 年版。

刘勇：《辽宁阜新查海遗址发现七千五百年前石雕神人面像》，《光明日报》2019 年 9 月 29 日。

韩建业：《南佐"古国"：黄土高原上最早的国家》，《光明日报》2023 年 1 月 8 日。

王楠、胡安华：《印证神话传说：贾湖遗址发现骨制"规矩"》，《中国城市报》2019 年 7 月 22 日。

韩建业：《从考古发现看夏朝初年的疆域》，《中华读书报》2021 年 6 月 30 日。

严文明：《中国史前文化的统一性与多样性》，《文物》1987 年第 3 期。

杨新改、韩建业：《禹征三苗探索》，《中原文物》1995 年第 2 期。

严文明：《黄河流域文明的发祥与发展》，《华夏考古》1997 年第 1 期。

王震中：《邦国、王国与帝国：先秦国家形态的演进》，《河南大学学报（社会科学版）》2003 年第 4 期。

河南省文物考古研究所、中国社会科学院考古研究所河南一队等：《河南灵宝西坡遗址 105 号仰韶文化房址》，《文物》2003 年第 8 期。

中国社会科学院考古研究所河南一队、河南省文物考古研究所等：《河南灵宝市西坡遗址发现一座仰韶文化中期特大房址》，《考古》2005 年第 3 期。

李零：《禹步探原——从"大禹治水"想起的》，《书城》2005 年第 3 期。

何驽：《山西襄汾县陶寺中期城址大型建筑ⅡFJT1 基址 2004—2005 年发掘简报》，《考古》2007 年第 4 期。

王长丰、张居中、蒋乐平：《浙江跨湖桥遗址所出刻划符号试析》，《东南文化》2008 年第 1 期。

安徽省文物考古研究所：《安徽含山县凌家滩遗址第五次发掘的新发现》，《考古》2008 年第 3 期。

中国社会科学院考古研究所山西队、山西省考古研究所等：《山西襄汾县陶寺城址发现陶寺文化中期大型夯土建筑基址》，《考古》2008 年第 3 期。

韩建业：《裴李岗文化的迁徙影响与早期中国文化圈的雏形》，《中原文物》2009 年第 2 期。

王震中：《夏代"复合型"国家形态简论》，《文史哲》2010 年第 1 期。

张致政、程鹏飞、褚旭，等：《文化上"早期中国"的形成和发展学术研讨会纪要》，《南方文物》2011 年第 4 期。

韩建业：《庙底沟时代与"早期中国"》，《考古》2012 年第 3 期。

张忠培：《良渚文化墓地与其表述的文明社会》，《考古学报》2012 年第 4 期。

陕西省考古研究院等：《陕西神木县石峁遗址》，《考古》2013 年第 7 期。

李新伟：《"最初的中国"之考古学认定》，《考古》2016 年第 3 期。

徐良高、周广明：《当代民族国家史的构建与"最早的中国"之说》，《南方文物》2016 年第 4 期。

王震中：《中国王权的诞生——兼论王权与夏商西周复合制国家结构之关系》，《中国社会科学》2016 年第 6 期。

陕西省考古研究院等：《陕西神木县石峁城址皇城台地点》，《考古》2017 年第 7 期。

张国硕：《也谈"最早的中国"》，《中原文物》2019 年第 5 期。

孙庆伟：《"最早的中国"新解》，《中原文物》2019 年第 5 期。

杜金鹏：《"最早中国"之我见》，《南方文物》2019 年第 6 期。

陕西省考古研究院等：《陕西延安市芦山峁新石器时代遗址》，《考古》2019 年第 7 期。

韩建业：《龙山时代的文化巨变和传说时代的部族战争》，《社会科学》2020 年第 1 期。

陕西省考古研究院、榆林市文物考古勘探工作队、神木市石峁遗址管理处：《石峁遗址皇城台地点 2016—2019 年度考古新发现》，《考古与文物》2020 年第 4 期。

韩建业：《裴李岗时代与中国文明起源》，《江汉考古》2021 年第 1 期。

韩建业：《裴李岗时代的"族葬"与祖先崇拜》，《华夏考古》2021 年第 2 期。

韩建业：《中国新石器时代的祀天遗存和敬天观念——以高庙、牛河梁、凌家滩遗址为中心》，《江汉考古》2021 年第 6 期。

郑州市文物考古研究院：《河南巩义市双槐树新石器时代遗址》，《考古》2021 年第 7 期。

沈长云：《夏朝的建立与其早期国家形态》，《齐鲁学刊》2022 年第 1 期。

韩建业：《中国北方早期石城兴起的历史背景——涿鹿之战再探索》，《考古与文物》2022 年第 2 期。

韩建业：《中华文明的起源和形成》，《中华民族共同体研究》2022 年第 4 期。

湖北省文物考古研究院、北京大学考古文博学院等：《天门石家河城址及水利系统的考古收获》，《江汉考古》2023 年第 1 期。

中国文化对中国历史的塑造

朱孝远[*]

自古以来，文化与历史的关系最为密切。中华优秀传统文化是社会主义核心价值观的重要源泉，为中国式现代化注入了强大底气和精神动力。追本溯源，在中华文明五千多年的发展史中，我们看到了中国文化对中华文明的塑造。在很长的一段时期内，优秀的、先进的文化，构筑起了中华文明的基本框架。现在，我们有必要在中西文明比较的视野下，阐明中华优秀文化产生的强大推动力，是如何形塑中华文明，进而推动历史和谐发展的。

当一位历史学者，从比较视野对中西方历史进行透视时，禁不住要提出如下问题：为什么古代希腊的英雄都是战斗英雄（阿伽门农、阿喀琉斯、奥德修斯），而古代中国的英雄都是远古时代的"工程科学家"（女娲、愚公、大禹）？为什么公元 476 年西罗马帝国瓦解后，欧洲从统一的帝国走向了分裂，而中国则继续走统一国家的道路？为什么欧洲经济在中世纪长期落后，而同时代的中国，不仅农业生产技

＊ 朱孝远，北京大学历史学系教授。

术相当发达，而且在医学、冶炼业、气象学、建筑学等各个方面也取得了长足进步？要回答这些问题，就要谈及中国文化的优势，以及它是如何影响中华文明、塑造中国历史的。

和谐，是中国文化的一个核心要素。其主要表现在以下几个方面，即国家与自然生态的和谐、国家与民族的和谐、国家与社会的和谐、中央与地方的和谐，以及在国际关系上，中国与世界其他国家在文化上的差异与互补，等等。同时，和谐也是构筑中华文明基本框架、塑造中国历史的关键文化要素。

远古的英雄传奇

中国文化博大精深，中华文明源远流长。追本溯源，就来到了远古的英雄传说。西方人谈到英雄，会列举阿喀琉斯、阿伽门农、奥德修斯等战斗英雄。中国的英雄则与此不同，主要来自女娲补天、愚公移山、大禹治水、后羿射日等征服自然、造福民众的历史故事和传说。古代的希腊，分裂成了两百多个奴隶制城邦，互相争斗，战争连绵不断。希腊的三部历史书，《荷马史诗》、希罗多德的《历史》、修昔底德的《伯罗奔尼撒战争史》，都是谈战争的。而中国的典籍，如《春秋》《论语》《孟子》《荀子》《韩非子》，虽对战争有所涉猎，但主要都是谈论治国之道。远古的希腊人因为政治分裂而呼唤战斗的英雄，而远古的中国，英雄却致力于开天辟地，为人们营造安居乐业的良好生存环境。同样，中国古代的思想家们通过经验总结，提出不少安邦兴国的政治方略。例如后文提到的国家与自然生态，二者一经结合，便描摹出了中华文明兴起、发展的路径，对中华文明的崛起起到了不可低估的作用。

国家与自然生态的和谐

中国很早就有关于国家与自然生态和谐共生的故事。在中国，"天人合一"的思想由来已久。天人之间的一体性表现在两者都服膺于一个共同的目的：缔造一个美丽、和谐的世界。当"天塌地陷"之时，不仅是神，人类也将自觉担负起"补天"的责任。在远古某一天，"四极废，九州裂，天不兼覆，地不周载"（《淮南子·览冥训》），一名女性勇敢地挺身而出，带领我们的先辈治理了泛滥的洪水，终因精疲力竭而倒下，却用自己的身躯堵住了倾泻罪恶的"天眼"。她有一个蕴藏着巨大力量的名字——"女娲"，这个名字如永恒的明镜，高悬于中华文化的浩瀚星空。

中华民族的每个分子都在向这面具有无私精神的旗帜靠拢。通过大禹治水、后羿射日、愚公移山、精卫填海等历史故事，一个远古人类家园的轮廓逐步清晰地呈现出来。每一个被奉为中华民族英雄人物的背后都有一部史诗，每一部这样的史诗之中都有着精神的"神秘转化"。在这里，人的努力与天（自然）的意愿是一致的。例如，在"愚公移山"的故事中，上天被愚公不畏艰险、锲而不舍的精神感动，最终帮助愚公把山搬走。中华文化认为，人是有根基的，这个根基既属于自我又属于宇宙。天人合一，才算真正体现了人类与天命契合的大精神。

中国人敬天、补天，把天（自然）看作文化上的最高境界，并基于对自身和天（自然）的反观和审视，期望通过努力最终实现符合天意（自然规律）的目的。例如，在中国的山水画作中，人常常被画得很小，与天、地、山、水大自然同在，由此表现意境之美。中国文化推崇的大音希声、大道无术、大爱无疆，其实也意喻人与大自然的相互契合，进入到了浑然天成的最高境地。苏轼在《书黄子思诗集后》中说："予尝论书，以谓钟、王之迹，萧散简远，妙在笔画之外。"[1] 他认为钟繇、王羲之的书法萧散简远，已臻化境，这和他激赏王维的画、陶渊明的诗如出一辙。苏轼在《追和陶渊明诗引》中写道："吾于诗人无所甚好，独好渊明之诗。渊明作诗不多，然其诗质而实绮，癯而实腴，自曹、刘、鲍、谢、李、杜诸人，皆莫及也。"[2] 对于陶潜，苏轼可以说是倾佩之至了。天下物之进化，从过程看，大多有一个"由简至繁"的发端，最后，又有一个"从繁至简"的收场。例如：徐梵澄在《〈佛教密宗真言义释〉序》中说："以一般进化通例而言，简朴者在前，复杂者居后。如陶在瓷先，铁居铜后，皆有实物可证。由是可以略略窥见初民简单生活的情形。"[3] 不过，人最后还是会回归于简约的，乃至于对"大音希声""意在言

---

[1] 苏轼为《黄子思诗集》写的一篇序跋文。文章以书法为喻，评论诗歌，指出于平淡朴素之中寓深远意境方为好诗。参见《苏东坡全集》，黄山书社 1990 年版。

[2] 苏辙：《追和陶渊明诗引》，转引自袁行霈：《论和陶诗及其文化意蕴》，《中国社会科学》2003 年第 6 期。

[3] 徐梵澄：《〈佛教密宗真言义释〉序》，载《徐梵澄集》，中国社会科学出版社 2001 年版，第 206 页。

外"情有独钟。简朴在开始，至简在事末，一头一尾，都是仿效自然而进入的两个大境界。

国家与民族的和谐

国家与民族的和谐之道在中国不仅历史悠久，而且富有成效。这种和谐是建立在三大融合基础上的：其一，民族与国家之间的融合。很早之前，中国就形成了广泛的民族文化认同，居住在这块土地上的各族人民都认为自己是"中国人"，遂形成了一个由华夏子孙、炎黄子孙组成的文明共同体。其二，不同文化之间的融合，即以优秀的、先进的文化熔铸各族于一炉，同时相互吸取了各族的优秀基因。其三，各个民族之间和谐共处，共同建设中华文明。历史学家程应镠先生指出，唐代文化是我国封建社会中的一个高峰。之所以称为高峰，原因不少，但胡汉融合、汉越融合是一个原因。例如："元稹、白居易是中唐的两位大诗人，其氏族都不是汉人。稹出拓跋，魏昭成皇帝为其十代之祖，白为胡姓，和西域之白或帛氏有关。龟兹有白氏王朝，吕光（后凉创建者）灭龟兹，其沙门和乐工来中土的颇不乏人。盛唐时，李白自四川东行，其先世曾居碎叶，这地方即突骑施游牧之所。"[①] 程应镠先生感慨："中国历史是由居住在现今九百六十万平方公里土地上各民族形成的（或者说创造的）。有许多民族，著名的如

---

① 程应镠：《流金集》，上海古籍出版社 1995 年版，第 300 页。

匈奴、鲜卑、氐、契丹、女真，等等，已经不存在了，现存有五十六个民族，著名的是汉族、蒙古族、回族、藏族、维吾尔族、满族、高山族、黎族、布依族、土家族等。我国历史最长，有文字记载的已有四千年。她的文化最丰富多彩，超过世界上资本主义以前所有的民族和国家。巴比伦、埃及、希腊、罗马、印度、英国、法国、意大利、日本在古代、在中世纪，都有独具特色的文化，但和我国相比，就瞠乎其后了。"①

由此可见，中国是一个民族众多、地大物博的国家，也是最早出现民族国家认同、民族文化认同并由各个民族共同铸造文明的国家，这是中华文明的坚实基础。三种不同融合形式构成的和谐，也是中华文明之所以强大的核心密码。

国家与社会的和谐

中国文化塑造的国家在多个历史时期为社会提供了和平、富强和法律公正。只有强大的国家，才能够维护和平，这保证了中国历史延绵不断地向前发展。与此同时，国家对民生问题高度重视，"让人民吃饱饭，过上好日子"的治国理念，可以说是一种很崇高的信念。例如，"鳏寡孤独废疾者，皆有所养。"又如，"天矜于民，民之所欲，天必从之。"自秦以降，中央政府、地方政府的管理模式全方位

① 程应镠：《流金集》，上海古籍出版社 1995 年版，第 295 页。

地对社会进行照管，包括在和平时期的国家司法，灾难时期的抵御外敌、治理江河、兴修水利和赈灾济贫，等等。据研究统计，清代鼎盛时期有三亿人口，占世界人口的三分之一。另一个数据也是惊人的：清朝每年用于河工的财政支出高达三百至六百万两白银。[①] 由此可见，中国拥有强大的民族凝聚力的原因之一，是政府代表公权力并且关注民生问题，这也是国家与社会之间和谐之道的根本之所在。

维护国家主权和统一的坚定原则

中国在历史上也曾经有过春秋战国时期那样的政治分裂，但从总的历史发展看，中国一直是一个统一的国家。民族融合、文化融合、国家与社会及自然生态的融合，构成了中国历史稳定发展的基础。国家稳定了，就会孕育家国情怀。国家统一是中国人的普遍要求，维护国家的主权和领土完整，是中国人的普遍责任。

对照西罗马帝国瓦解后的中世纪欧洲，没有强大的中央政府，也没有国家与民族、与社会的高度和谐，因此一经变故，就会出现乱世。罗马帝国瓦解后，日耳曼人建立的小王国林立，出现了地方割

---

① 晚清学者魏源曾对有清一代的河工经费进行过总结，认为乾隆四十七年（1782）以后的河工费用"数倍于国初"，嘉庆十一年（1806）的河工费，"又大倍于乾隆"，道光年间的则"浮于嘉庆，远在宗禄、名粮、民欠之上"。根据他的统计，康熙年间"全河岁修不过数十万金"；乾隆时"岁修、抢修、另案，两河尚不过二百万"；嘉庆时"岁修抢修顿倍，岁修增，而另案从之"，所增之费可"以三百万计之"；道光时则增为每年六、七百万两。参见王英华、谭徐明：《清代河工经费及其管理》，2010 年 7 月 22 日，见 http://sls.iwhr.com/history/qszn/jnwj/webinfo/2010/07/1279703213603614.htm。

据、政权掌握在私人手里、军队也通过契约掌握在私人手里的混乱状态。日耳曼人小王国体制落后，依凭领主与附庸之间的个人忠诚，公权力常被滥用，更是大大削弱了欧洲的实力。11 世纪后，战争减少，大贵族选择定居、不再迁徙，形成了有利于国家发展的环境和条件。其后，英国、法国等原领地上的新兴国家崛起，取代了日耳曼人的王国制度，逐步走向领土完整、政治统一、官僚制度和国家司法。至此，欧洲的政治才渐渐步入正轨。

物质文明和精神文明并重

真和善是中国人精神领域的特质禀赋，彰显着中国人道德观的风格和气派。"真"在中国文化里，不是英语中 true 或 real 的含义，也不是英国民间传说中罗宾汉表现出的"真性情，真血性"，而是指一种隐藏在现象背后的文化力量。中国人明白这一点，所以就有"认真"和"较真"这一说。"真"的字形，很像一棵从根基里生发出来的树，蕴含着一种逐渐长成的意味。当它长成之时，"真"就会出现，并会随着时间的发展与时俱进，不断提高其标准，丰富其内涵。一直以来，求真的理念使中国人远离一切形式的虚情假意，认真而不认假，信实而不信空，使中国的有识之士始终保持洁身自好，不在意各种诱惑。

善在中国文化中是一种通过高级情感凝结而成的高度和谐。和谐这个词的所指不仅是秩序层面的，它的基础是美学而不是法律，是自愿而不是强迫，是个人意志加入善的海洋而不是群体意志对于个人自由的限制。"善"这个词在中国文化里的标准是非常高的。善不是好心的意思，也不是西方所说的慈悲和奇迹。善是一种"自明"，唯有自明，才能够"淡泊以明志，宁静以致远"，才能够成大事。那么中国的善从何而来？答案是由美陶冶而来。中国的美学特别强调情景合一，即"情"与"景"交融，以景寄情，以情绘景，以情、景生境，从而由美陶冶性情，进而产生善。相较而言，西方的美也有一种功用——激励个人英雄主义。然而，在中国，一切世俗的劳动，一切与善有关的劳动，并不归于个人，而被视为集体的劳动成果。

道法自然、天人合一是中华文明内在的生存理念，铸就了中国人独特的审美观。例如，中国的山水画描绘了这样两层意境：揭示宇宙奥秘和表现天人合一。画家画天，所要揭示的其实并不是天空而是自然，同时，因为自然法则是无法看见和完全揭示的，因此只能以一种陶渊明的方式，来"抚弄无弦之琴以寄其意"。至于天人合一的境界，是可以大致表达的，有如"落霞与孤鹜齐飞，秋水共长天一色"。中国哲人说："智者乐山，仁者乐水"，因此，中国文化的意境，多需从精神上领会。

中国文化在注重精神文明的同时，也相当重视物质文明的发展。例如，在农业工具和耕种技术的使用方面，"中国犁的结构具有良好的犁壁，可将土块翻得恰到好处，并能开出较细较深的沟"，"分行种植作物和彻底除草技术，中国在公元前5世纪就已采用，并与楼车、天鹅颈锄等配套使用"；天文学方面，13世纪中国人就确定了

"天文赤道坐标系统"；医学、机械、造船、交通运输方面也都有发明创造；瓷器、漆器、丝绸织锦进入欧洲后，在欧洲掀起一股"中国风"。① 这些都充分彰显了中国文化的创造力，是中国对世界物质文明作出的重要贡献。

中国文化与西方文化的差异

西方文明是存在一些问题的，其中很重要的一个原因是上述的个人英雄主义崇拜造成的对文明的透支。关于这一点，可以从西方的文化传统和人的实践行为两个方面来加以解释。西方文化从本质上来说，是一种征服性的文化。从本体论出发，其本体有两个范畴，一个是自然、一个是人，自然是无机的，人是万物之灵，所以有机的人对无机的自然，就形成了一种征服关系。

从认识上来看，西方文化具有二元对立性，容易造成把差异变成对立的结果。这种价值观认为：对立起来、对峙起来才能一分高下，于是就有了灵与肉、精神与物质、人间与天国、暂时和永恒之间的对立。同时，这种对立关系中的"二元"又是不对称的，有着明显的高低之分。例如，"我"这个词在西方的文本中是要大写的，"你"就不必了。又例如，天国与人间，天国要统摄人类，因此神高于人，神（God）要大写，而人应该小写。这种二分法，把一切置于对立之

① 郑家馨：《中华文明同西欧工业文明的融合和碰撞》，载马克垚主编：《世界文明史》下卷，北京大学出版社 2016 年版，第 892—910 页。

中，于是便出现了人与人、人与天、人与国家、人与社会之间的高度对立。

从实践上看，在国家层面，由于美国等西方国家在国际金融领域的独特地位，其经济走势与经济政策常常影响甚至主导国际经济形势演变，也影响着国际层面的政策变动。因而，发生于某一个国家的泡沫经济常常演变成他国乃至全球性的泡沫经济，从而加大了全球金融市场的动荡。在个人层面，由于个人英雄主义带来的过分的竞争意识，一定程度上导致了西方人过分强烈的消费欲望，造成消费主义大行其道，其负面影响叠加经济衰退的连锁反应，又进一步引发了财政危机、信用危机。同时，西方倾向于使用与主流文化相"匹配"的人，因此导致了部分一流人才的边缘化。即使发展到现当代，西方的主流文化仍过分强调"惟我独尊"，把文化分成主流文化和非主流文化，这使很多英才囿于其"非主流"的从业领域和专长而无法得到应有的重用。在国际上，存在着把世界史当作欧洲史来书写的"西方中心论"，即把西方文化当成标准，对非西方的文明横加指责。也是在这一过程中，西方文明逐渐走向了偏狭。

与西方不同，中国文化是一种高情感特征的文化，认为天地万物都是有机的、有情的。"天人相合，天地有情"。天地怎么有情呢？天和地在一起，就会生万物，生阴阳，生五行。所以，中国的本体论，是一种天人合一的本体论。以人为本，自然有情，人与自然就能实现和谐共赢。人与人要和谐，人与生态要和谐，人与文化要和谐。在天地人那里，突出的其实还是一个"人"字。天地生万物，因此人要敬畏天地、孝敬父母，这是中国本体论之根源。

在认识论上，中国不强调二元对立，而是要求二元中合、二元和谐。天与地要合一，人与事也要合一，物质与精神也要合一，灵与肉也要合一。灵与肉怎么合一呢？那就是承认两者都是发展的要素，缺一不可。反映到社会层面，就是精神文明与物质文明同步发展，共同推动历史进步。

结语

历史带给中国人的是极具分量与独特性的中华文化：观念上和而不同，现实中交融会通。它历经数千年嬗变而不曾中断，既标志着一个独特文明体系的定力和凝聚力，也彰显着与世界其他文明互联互通的包容和开放。步入现代，中国文化成为推动中国经济稳步发展的重要动力。

东方文明和西方文明都是伟大的文明，但二者之间存在着显著的文化差异。当前存在这样一种观点：在全球化的浪潮下，某种文化会演变成世界文化。笔者认为这是不可能的。真正的全球化一定是建立在民族文化基础上的全球化。今后，展现在我们面前的，也将是一个百花齐放、百家争鸣、繁荣的多元化世界。

事实上，中西两种文化是可以互鉴、互补的。中国文化的底座很庞大、根基很深厚，而西方文化千百年来深耕技术研究，在诸多领域比较前沿。东方文明，尤其中华文明，内涵一种高情感特征的实践理性文化，而西方文明则以近代以来建立起的高科技文化见长。中国重集体，西方重个人英雄主义。中国强调和谐，坚信和谐发展是世界发展的前景，而西方强调征服。中国文化重积累，而西方文化偏重追求前沿和高精尖。中国人强调内心修养，西方人喜欢外在发展。中国人重现实，西方人重理念。凡此种种，既呈现出中西历史文化的显著差异，也成为交流、互鉴、互补和融合的基础。

随着中国全面深化改革、扩大高水平对外开放，以中国文化为基底的中华文明，将在赓续传统、面向未来中朝着更加具有鲜明中国特色的现代文明的方向发展和转变，创造属于我们这个时代的新文化，建设中华民族现代文明。中国文化如何在全球化背景之下与其他文明深度交融？在全球化的语境下，如何梳理东西方文明的发展历程，不同文明如何实现对话与共处？这些是关乎中国发展与未来，关乎人类命运的重要问题。文化、政治、经济以及历史、现实从不同角度给我们提供了理解文明和文化的多重视野。在文化自觉和文化自信中，中国文化将会更加繁荣璀璨，而今后的世界文明，也会在中华文明与世界各国优秀文明的深度交流互鉴中，绽放出更加灿烂的光芒。

参 考 文 献

苏轼：《苏东坡全集》，黄山书社 1990 年版。

程应镠：《流金集》，上海古籍出版社 1995 年版。

徐梵澄：《〈佛教密宗真言义释〉序》，载《徐梵澄集》，中国社会科学出版社 2001 年版。

郑家馨：《中华文明同西欧工业文明的融合和碰撞》，载马克垚主编：

《世界文明史》下卷，北京大学出版社 2016 年版。

苏辙：《追和陶渊明诗引》，转引自袁行霈：《论和陶诗及其文化意蕴》，《中国社会科学》2003 年第 6 期。

王英华、谭徐明：《清代河工经费及其管理》，2010 年 7 月 22 日，见 http://sls.iwhr.com/history/qszn/jnwj/webinfo/2010/07/1279703213603614.htm。

同位素视角下中华文明和中华民族共同体形成与发展的物质基础

胡耀武*

引言

2022 年 5 月，习近平总书记在主持十九届中共中央政治局第三十九次集体学习时指出："中华文明起源，不仅是我国学者潜心研究的重大课题，也是国际学术界持续关注的研究课题。经过几代学者接续努力，中华文明探源工程等重大工程的研究成果，实证了我国百万年的人类史、一万年的文化史、五千多年的文明史。"习近平总书记强调，"要把中华文明起源研究同中华文明特质和形态等重大问题研究紧密结合起来，深入研究阐释中华文明起源所昭示的中华民族共同体发展路向和中华民族多元一体演进格局"，这为我国开展考古学研究指明了方向。由此，揭示中华文明形成史和中华民族共同体形成

---

* 胡耀武，复旦大学科技考古研究院、文物与博物馆学系教授。

史，成为当前我国考古学研究中最为活跃的研究热点。

"民以食为天。"人类对食物资源的获取，是人类社会和文明得以生存与发展的必要条件。中华文明是世界上唯一自古延续至今、从未中断的文明。揭示支撑起中华文明和中华民族形成与发展的物质基础以及贯穿中华文明的"饮食文明基因"，是探讨中华文明和中华民族形成与发展史的重要组成部分，也是回答"何以中国"问题的关键所在。

人类历史长河中遗留下的人类遗骸（包括人骨和人牙齿），忠实记录了其生前的生活，为我们追踪先民食物结构以及生存策略的发展轨迹提供了极好的材料。当前，以人类遗骸为研究对象，利用稳定同位素生物考古的研究方法和分析技术，能够为我们探讨人类食物来源、生存方式及其演变提供重要的直接证据。该方法在我国考古学研究中的应用，最早开始于 1984 年。之后，该项研究虽进入多年的沉寂期，但进入 21 世纪以来，尤其是 2010 年以来，受到了我国学者的高度重视，取得了突飞猛进的进展。这 20 多年以来积累的大量人骨同位素数据，为我们提供了前所未有的契机，使得我们能够一窥先民的食物来源和生存策略，探讨不同时期先民生存方式的演变过程，进而为揭示中华文明和中华民族共同体形成和发展的物质基础，尤其是其中的"饮食文化基因"提供可靠的科学证据。

植物考古的证据

一万年的文化史，其实指的就是我国的农业史。根据我国植物考古研究的成果，我国是两大农作物——水稻和粟黍的起源地。鉴于我国最早的国家——夏朝建立在我国北方地区，在此仅介绍北方地区的粟黍起源和发展。

基于中国北方地区现有的植物考古研究证据，可以大致归纳出粟类作物（粟黍）的发展轨迹。在北京东胡林遗址发现了距今大约10000年前具有驯化特征的粟，此外，在河北磁山遗址和北京转年遗址也发现了人类对粟的利用。8000年前，在内蒙兴隆沟遗址发现我国最早的黍。之后，在黄河流域的多个前仰韶时期（>7000a BP）考古遗址都普遍发现了粟类作物，表明粟类作物在我国北方地区得到了更加广泛的利用。仰韶文化（7000—5000a BP）期间，粟类作物更为广泛，在植物遗存中占有优势地位，粟作农业得以确立。龙山文化（5000—4000a BP）和夏商周时期，尽管我国北方地区业已出现了"五谷"，但粟类作物依然是先民最为重要的食物来源之一。

需要指出的是，植物考古的研究成果，可以让我们获取先民对粟类作物的开发、驯化、利用等方面的信息，而欲揭示其在先民食物结构和生活方式中的地位，则常依赖于人骨的稳定同位素分析。

人骨稳定同位素分析的基本原理

基本原理。众所周知，人类生长与发育所需的营养和能量，皆来自其从生存环境中获取的食物。当食物经人体消化吸收后，转化成为其身体各组织的组成成分，这就是所谓的"我即我食（You Are What

You Eat）"。人骨中的有机质部分为胶原蛋白（称之为骨胶原）。当人体食物的来源和类型在稳定同位素比值上不同时，人骨胶原的同位素比值也就存在明显差异。通过对人骨胶原的稳定同位素比值进行分析，即可揭示先民的食物结构、了解其生存策略。

在当前国内外学界运用最为广泛的稳定同位素，当属 C、N 稳定同位素。在此简要说明其分析原理。

C 同位素分析原理。空气中含有碳的三种同位素 ^{12}C、^{13}C、^{14}C（其中 ^{14}C 是放射性同位素，而 ^{13}C 和 ^{12}C 为稳定同位素），通常都以 CO_2 和 CO 的形式存在。当绿色植物通过光合作用固定大气中的 CO_2 时，将择优吸收 ^{12}C，致使 CO_2 发生同位素分馏。由于植物光合作用途径的不同，可将自然界的植物分为 C_3 植物（如水稻、小麦、豆类及大部分树木和一些草类）和 C_4 植物（如粟、黍、玉米、甘蔗和大部分草类）。不同光合作用途径的植物，其稳定同位素比值（以 $\delta^{13}C$ 值表示）也存在较大差异。现代 C_3 植物的 $\delta^{13}C$ 平均值为 $-26.5‰$，C_4 植物的 $\delta^{13}C$ 平均值为 $-12.5‰$。在以植物为底层的食物链中的物质和能量流动过程中，该差异将会始终存在于食物链中。根据"我即我食"原理，人组织的同位素组成，直接取决于其食物中的同位素组成，但自食物至组织存在着 C 同位素的分馏。通常，与所吃食物的 $\delta^{13}C$ 值相比，肌肉约富集 $1‰$，骨胶原则富集约 $5‰$。因此，我们通过人骨胶原的 $\delta^{13}C$ 值就可以辨析人们食物类型的不同。

N 同位素分析原理。在自然环境中，99% 的 N 是以大气 N_2 或溶解在海洋中 N_2 的形式存在的。豆科植物，依靠生物固氮将大气中的 N_2 转化为 NH_3。在此过程中，基本上不发生同位素的分馏。故豆科植物的 N 稳定同位素比值（以 $\delta^{15}N$ 值表示）大约等于0‰。而非豆科植物，则必须从由 NH_3 转化而来的 NO_3 和 NH_4 盐，来获取维持正常生理功能所需的 N。此过程将导致 N 同位素的分馏。故此，与豆科植物相比，非豆科植物具有较高的 $\delta^{15}N$ 值。最为重要的是，N 在不同营养级之间存在着明显的同位素富集。营养级每上升一级，$\delta^{15}N$ 值富集3‰—5‰，即食草类动物骨胶原中的 $\delta^{15}N$ 比其所吃植物富集3‰—5‰，以食草类动物为食的食肉类动物又比食草类动物富集3‰—5‰。由此，我们通过人骨中的 $\delta^{15}N$ 值，即可判断其所处的营养级以及摄取的肉食资源。

人骨 $\delta^{13}C$ 值和 $\delta^{15}N$ 值揭示粟作农业和农牧业的基本原理。现代粟种子的 $\delta^{13}C$ 的平均值为-11.8‰。考虑到工业革命之后化石燃烧造成现代大气中的 $\delta^{13}C$ 值较前工业革命的大气偏负-1.5‰，以及自食物至骨胶原中 C 同位素的富集效应（5‰），在忽略 C 同位素在营养级上的富集效应（约1‰）的前提下，原则上，100%以粟类食物为食的人，其骨胶原中的 $\delta^{13}C$ 值应为-5.3‰。依据此数值，理论上，我们即可估算粟类食物（包括粟类作物或者以粟类作物副产品为食的动物）在先民食物结构中的大致比例，了解粟作农业在先民生存策略中的地位。

对于 $\delta^{15}N$ 而言，其主要反映先民食物中动物蛋白的来源及比例。通常，牧业人群，因较农耕人群摄取了更多的动物蛋白，故具有更高的 $\delta^{15}N$ 值。利用上述原理，我们即可了解农业人群和牧业人群在交融过程中生存策略的相互影响。

粟作农业在中华文明形成和发展过程中的贡献

在此，我们收集了中国北方史前至夏朝时期多个考古遗址出土的人骨同位素数据，并分时段对数据进行了梳理和诠释，旨在探索粟作农业在中华文明形成进程中的贡献。

前仰韶文化时期（>8000a BP）。此时段人骨的同位素数据相对偏少（见表1）。已有人骨同位素数据的遗址，包括：陕西北刘遗址（早期）、陕西白家遗址、山东小荆山遗址、河南贾湖遗址以及山东后李文化遗址。由表1可见，除贾湖遗址外（人骨的同位素数据体现出明显的 C_3 特征，当是先民主要摄取了水稻和野生动植物所致），其他遗址人骨的 $\delta^{13}C$ 平均值，均明显向 C_4 偏离，反映了此时段的先民业已摄取了一定量的粟类食物。然而，以上数据明显较100%摄取粟类食物的骨胶原数据（-5.3‰）差距甚远，反映了先民采取了以采集狩猎为主、粟作农业为辅的生产模式。此外，不同遗址人骨的 $\delta^{13}C$ 值有所差异，表明不同地区粟作农业发展的不平衡性。

表1　前仰韶文化时期人骨的同位素数据

遗址	位置	数据量	$\delta^{13}C$ (‰)(Mean±SD)	$\delta^{15}N$ (‰)(Mean±SD)	参考文献
北刘遗址（早期）	陕西	5	-12.2±1.3	9.0±0.6	郭怡等（2016）

续表

遗址	位置	数据量	δ^{13}C（‰）(Mean±SD)	δ^{15}N（‰）(Mean±SD)	参考文献
白家遗址	陕西	3	-13.7±1.4	10.9±1.2	Atahan et al（2011）
小荆山遗址	山东	10	-17.8±0.3	9.0±0.6	Huetal（2008）
贾湖遗址	河南	14	-20.4±0.5	8.8±1.1	胡耀武等（2007）
后李遗址	山东	2	-16.7±0.1	7.5±0.2	邱晓甜（2021）

资料来源：作者自制。

仰韶文化时期（7000—5000a BP）。相较前仰韶文化时期人骨的同位素数据，已发表的仰韶文化时期人骨同位素的数据量有所增加。我们一共收集了 19 个遗址的同位素数据：陕西北刘遗址（晚期）、陕西姜寨遗址、陕西史家遗址、山西清凉寺遗址（早期）、甘肃大地湾遗址、陕西半坡遗址、河南西山遗址、陕西鱼化寨遗址、河南西坡遗址、河南晓坞遗址、内蒙古庙子沟遗址、陕西元君庙遗址、陕西关家遗址、河南中沟遗址、河南沟湾遗址（早期）、河南八里岗遗址、山东焦家遗址、山东北阡遗址、山东北庄遗址（见表 2）。由表 2 可见，除两个遗址［河南沟湾遗址（早期）和河南八里岗遗址］人骨的 δ^{13}C 值相对偏负（源于稻粟混作农业）外，绝大多数遗址人骨的 δ^{13}C 值，明显较前仰韶时期偏正。这充分表明仰韶文化时期的先民业已大量摄取粟类食物。此时，粟作农业在先民生存策略中占有重要地位。

表2　仰韶文化时期人骨的同位素数据

遗址	位置	数据量	$\delta^{13}C$（‰）（Mean ±SD）	$\delta^{15}N$（‰）（Mean±SD）	参考文献
北刘遗址（晚期）	陕西	4	−11.1±1.1	8.6±0.5	郭怡等（2016）
姜寨遗址	陕西	21	−9.9±1.1	8.6±0.5	郭怡等（2011）；Pechenkina et al.（2005）
史家遗址	陕西	9	−10.0±0.7	8.1±0.5	Pechenkina et al.（2005）
清凉寺遗址（早期）	山西	13	−8.4±1.1	8.4±10.3	凌雪等（2010）
大地湾遗址	甘肃	6	−9.8±3.0	9.7±0.8	Barton et aL（2009）
半坡遗址	陕西	1	−15.0	9.1	Pechenkina et al.（2005）
西山遗址	河南	39	−8.2±1.5	9.0±0.8	张雪莲等（2010）
鱼化塞遗址	陕西	25	−8.6±1.4	9.3±0.7	张雪莲等（2010）
西坡遗址	河南	31	−9.7±1.1	9.4±1.0	张雪莲等（2010）
晓坞遗址	河南	74	−10.3±1.2	7.8±0.8	舒涛等（2016）
庙子沟遗址	内蒙古	9	−7.2±0.2	9.2±0.2	张全超等（2010）
元君庙遗址	陕西	1	−18.5	11.0	Wang（2004）
关家遗址	河南	23	−8.0±0.6	6.2±0.6	Dong et al.（2017）
中沟遗址	河南	28	−7.5±1.4	8.5±0.8	陈相龙等（2019）
沟湾遗址（早期）	河南	39	−14.3±2.0	8.3+1.1	付巧妹等（2010）
八里岗遗址	河南	6	−17.4±1.5	10.4±0.5	魏彩云（2004）
焦家遗址	山东	66	−9.3±1.3	9.2±0.9	程露霞（2020）
北阡遗址	山东	17	−9.6±0.8	8.8±1.0	王芬等（2013）
北庄遗址	山东	1	−7.9	13.2	张雪莲等（2003）

资料来源：作者自制。

龙山文化时期（5000—4000a BP）。已发表的此时段人骨同位素数据的相关遗址，共计 20 处，包括：山西清凉寺遗址（晚期）、山西陶寺遗址、河南沟湾遗址（晚期）、河南西金城遗址、河南瓦店遗址、河南煤山遗址、河南平粮台遗址、河南郝家台遗址、河南下寨遗址、河南八里岗遗址、河南贾庄遗址、山西西殿南遗址、山西辛章遗址、山西杏花村遗址、陕西东营遗址、内蒙古朱开沟遗址、陕西新华遗址、山东西公桥遗址、山东古镇都遗址、甘肃礼县遗址（见表3）。由表 3 可以看出，大部分先民的 $\delta^{13}C$ 值较仰韶时期进一步有所偏正，反映了粟作农业在先民生存策略中的比重进一步增加。需要指出的是，先民 $\delta^{13}C$ 值和 $\delta^{15}N$ 值存在较大的变异范围，很可能与社会的分层密切相关。

表 3 龙山文化时期人骨的同位素数据

遗址	位置	数据量	$\delta^{13}C$ (‰) (Mean±SD)	$\delta^{15}N$ (‰) (Mean±SD)	参考文献
清凉寺遗址（晚期）	山西	14	−7.9±0.6	8.8±1.0	凌雪等（2010）
陶寺遗址	山西	7	−6.6±1.0	8.9±1.3	张雪莲等（2007）
沟湾遗址（晚期）	河南	2	−14.8±0.5	7±0.8	付巧妹等（2010）
西金城遗址	河南	3	−9.3±3.0	8.5±1.3	杨凡等（2020）
瓦店遗址	河南	12	−11.0±2.1	8.2±1.2	陈相龙等（2017）
煤山遗址	河南	4	−15±2.8	10.2±1.5	周立刚（2017）
平粮台遗址	河南	8	−8.7±1.2	9.0±1.0	周立刚（2017）
郝家台遗址	河南	11	−13.1±4.6	9.1±1.1	周立刚（2017）
下寨遗址	河南	22	−10.2±1.9	8.2±0.7	周立刚（2017）

续表

遗址	位置	数据量	δ^{13}C (‰)(Mean±SD)	δ^{15}N (‰)(Mean±SD)	参考文献
八里岗遗址	河南	6	−17.3±3.2	12.3±2.7	魏彩云（2004）
贾庄遗址	河南	1	−19.1	12.7	周立刚（2017）
西殿南遗址	山西	3	−7.7±0.8	10.0±0.4	杨柳红（2023）
辛章遗址	山西	8	−6.7±0.3	8.9±0.4	侯亮亮等（2020）
杏花村遗址	山西	2	−7.3±0.7	6.5±1.4	Atahan et al.（2014）
东营遗址	陕西	5	−8.0±1.3	9.4±0.3	Chen et al.（2016）
朱开沟遗址	内蒙古	2	−8.2±0.4	9.0±1.1	Atahan et al.（2014）
新华遗址	陕西	1	−8.7	8.2	Atahan et al.（2014）
西公桥遗址	山东	7	−14.6±3.1	7.8±1.9	胡耀武等（2005）
古镇都遗址	山东	2	−8.3±0.7	11.4±2.5	张雪莲等（2003）
礼县遗址	甘肃	1	−8.6	8.4	Atahan et al.（2014）

资料来源：作者自制。

夏朝时期（4000—3500a BP）。已发表的此时段人骨同位素数据的相关遗址，共计11处，包括：河南二里头遗址、河南新砦遗址、陕西神圪垯梁遗址、山西聂店遗址、山西内阳垣遗址、内蒙古大口遗址、陕西石峁遗址、陕西木柱柱梁遗址、河南王圪垱遗址、河北南城遗址、河南刘庄遗址（见表4）。由表4可以看出，人骨的 δ^{13}C 值反映了此时期人群对粟类农业的高度依赖。这充分表明文明诞生的物质基础当为粟作农业。

表4　夏代时期人骨的同位素数据

遗址	位置	数据量	$\delta^{13}C$ (‰) (Mean±SD)	$\delta^{15}N$ (‰) (Mean±SD)	参考文献
二里头遗址	河南	5	-9.4±3.1	11.9±4.2	张雪莲等（2007）
新砦遗址	河南	8	-9.6±1.4	9.0±1.0	吴小红等（2007）
神圪垯梁遗址	陕西	28	-8.5±1.8	8.8±1.4	陈相龙等（2017）
聂店遗址	山西	60	-7.1±0.3	10.5±0.7	王洋等（2014）
内阳垣遗址	山西	2	-7.3±0.1	8.4±0.1	裴德明等（2008）
大口遗址	内蒙古	2	-8.9±1.8	7.5±1.0	Atahan et al.（2014）
石峁遗址	陕西	4	-8.4±0.1	6.9±0.9	Atahan et al.（2014）
木柱柱梁遗址	陕西	7	-8.2±1.5	8.8±0.6	陈相龙等（2015）
王圪垱遗址	河南	14	-9.9±1.9	8.8±1.1	陈相龙等（2019）
南城遗址	河北	74	-6.8±0.4	9.4±0.6	Ma et al.（2016）
刘庄遗址	河南	19	-7.6±0.6	9.6±1.0	Hou et al.（2013）

资料来源：作者自制。

　　小结。通过对我国北方地区史前至夏朝时期人骨同位素数据的梳理和分析，我们可以看出，粟作农业在文化发展、社会演讲以及文明形成过程中起到了非常重要的作用。从这一意义上说，粟作农业奠定了中华文明形成的物质基础，支撑了中华文明的诞生。

粟作农业在中华民族共同体形成中的贡献

　　中华民族共同体的形成史，本质上就是北方的牧业人群和中原的农耕人群不断交锋、交流和交融的历史。那么，粟作农业在人群不断交融过程中究竟起到了怎样的重要作用，同样也可从人骨同位素数据上一窥端倪。

东周时期内蒙古中南部和东南部农牧人群的融合。内蒙古中南部和东南部因其独特的地理位置成为中原与北方草原之间人群与文明发生碰撞、交流和融合的前沿阵地。东周时期，该地区呈现出多类人群并存、多种文化并举的格局，更是农耕文化与游牧文化竞相角逐的舞台。

迄今为止，已发表的该区域东周时期（春秋晚期直至战国晚期）人骨同位素数据的相关考古遗址共6处，包括：新店子墓地、井沟子墓地、水泉墓地、大山前墓地、大堡山墓地、土城子遗址（见表5）。这些遗址的人群组成复杂，不仅包含不同的人种类型，也含有多种人种类型的融合类型，而这些人群的 $\delta^{13}C$ 值则皆无可争议地反映了先民对粟类食物的大量摄取，表明粟作农业在人群生存策略中的重要地位。显然，粟作农业在本地区农牧人群及文化的相互融合中发挥了重要作用。

表5　内蒙古东周时期人骨的同位素数据

人种类型	遗址	时间	数据量	$\delta^{13}C$ (‰) (Mean±SD)	$\delta^{15}N$ (‰) (Mean±SD)	参考文献
古蒙古高原类型	新店子墓地	春秋晚期至战国早期	20	−11.6±0.9	10.3±0.8	张全超等（2006）
古蒙古高原类型	井沟子墓地	春秋晚期至战国早期	10	−12.4±0.7	9.8±0.6	张全超等（2008）

续表

人种类型	遗址	时间	数据量	$\delta^{13}C$ (‰) (Mean±SD)	$\delta^{15}N$ (‰) (Mean±SD)	参考文献
古东北类型与 古华北类型融合	水泉墓地	战国早中期	38	-7.5±1.7	8.7±1.3	刘晓迪等 (2021)
古中原类型	大山前墓地	战国晚期	24	-8.4±1.0	8.5±0.8	刘晓迪等 (2021)
古华北类型与 古中原类型融合	大堡山墓地	战国晚期	40	-9.0±1.4	9.6±0.9	张昕煜等 (2018)
古中原类型	土城子遗址	战国中晚期	17	-9.9±2.0	7.7±1.1	顾玉才 (2007)

资料来源：作者自制。

匈奴的生存策略。崛起于蒙古高原的匈奴，是秦末汉初称雄于中原以北的强大游牧民族，长期以来与中原的汉族政权对峙。自东周至两汉，在与汉族的战争和交流之中匈奴逐渐融入汉族，成为中华民族的重要组成部分。

迄今为止，已发表的人骨同位素数据的相关匈奴墓地共 10 处（见表 6）。其中，3 处分布于我国新疆境内，另 7 处位于境外。总体上，这些匈奴人群皆具有高 $\delta^{15}N$ 值，反映了其摄取了大量的动物蛋白，体现出典型牧业人群生存方式的特征。同时，这些人群的 $\delta^{13}C$ 值表明了先民对粟类食物的摄取状况。

表6 龙山文化时期人骨的同位素数据

位置	遗址	时间	数据量	$\delta^{13}C$ (‰) (Mean±SD)	$\delta^{15}N$ (‰) (Mean±SD)	参考文献
新疆	洋海墓地	两汉	9	-15.8±0.9	13.3±1.0	司艺等（2013）
新疆	黑沟梁墓地	西汉前期	9	-18.3±0.3	13.0±0.4	张全超等（2009）
新疆	东黑沟遗址	西汉前期	11	-18.4±0.4	13.3±0.6	凌雪等（2013）
俄罗斯	西外贝加尔墓葬群	200BC—100BC	9	-14.4±0.9	12.4±0.4	Kradin et al.（2009）
蒙古国	Gol Mod 2 贵族墓葬	200BC—100AD	3	-16.6±0.5	13.2±0.4	Zhou et al.（2022）
蒙古国	Gol Mod 2 平民墓葬	1—100AD	12	-16.7±1.0	13.0±0.8	Zhou et al.（2022）
蒙古国	Salkhitiin Am 墓地	200BC—200AD	13	-18.3±0.4	10.9±0.6	Machicek（2011）
蒙古国	Ereen Hailaas 墓地	200BC—200AD	3	-16.9±1.0	13.3±0.9	Machicek（2011）
蒙古国	Egiin Gol 遗址	200BC—200AD	34	-17.3±0.9	12.2±0.8	Machicek（2011）
蒙古国	Baga Gazaryn Chuluu 遗址	200BC—200AD	36	-17.5±0.9	10.9±0.8	Machicek（2011）

资料来源：作者自制。

　　西汉前期的匈奴人群（以新疆黑沟梁和东黑沟遗址为代表）$\delta^{13}C$ 值表明该人群甚少摄取粟类食物。而在匈奴的核心区域（如俄罗斯西外贝加尔墓葬群、蒙古国 Gol Mod 2 贵族墓葬、蒙古国 Gol Mod 2 平民墓葬、蒙古国 Salkhitiin Am 墓地、蒙古国 Ereen Hailaas 墓地、蒙古国 Egiin Gol 遗址、蒙古国 Baga Gazaryn Chuluu 遗址），人群的 $\delta^{13}C$ 值却明显偏正，表明其摄取了一定量的粟类食物。尤其值得一提的是，蒙古国 Gol Mod 2 贵族墓葬的贵族和平民 $\delta^{13}C$ 值相近，表明粟类食物在匈奴各阶层中被普遍摄入。由此可以看出，在长期与中原政权的对峙和交流中，匈奴业已吸收了源自中原农耕人群的粟作农业，将粟作农业变为其生存策略的重要组成部分之一。显然，粟作农业为匈奴最终融入汉族奠定了物质基础。

拓拔鲜卑生存策略的变迁。最早生活在大兴安岭一带的拓拔鲜卑，是我国历史上第一个入主中原并统一中国北方地区的游牧民族。拓跋鲜卑在建立北魏政权之后大力推行汉化，并最终汇入中华民族的大家庭之中。

迄今为止，已发表的人骨同位素数据的相关拓拔鲜卑墓地共 10 处（见表 7）。早期阶段（扎赉诺尔、东乌珠尔、团结墓群）人群的 $\delta^{13}C$ 值就已表明，先民采纳了粟作农业。中期阶段（三道湾和叭沟墓群）人群的 $\delta^{13}C$ 值相较早期阶段有所降低，但依然体现出先民对粟类食物的摄取。最为关键的是，在晚期阶段（北魏）多处遗址（如南郊北魏墓群、金茂园墓群 1 组、金茂园墓群 2 组、水泊寺墓群、东信广场墓群 1 组、东信广场墓群 2 组、御昌佳园北魏墓群、华宇广场北魏墓群）的人群的 $\delta^{13}C$ 值总体上明显偏正，反映了粟作农业的加强。此外，与早中期的拓拔鲜卑相比，晚期的拓拔鲜卑 $\delta^{15}N$ 值明显降低，反映了先民减少对动物的摄取而更加依赖于粟类作物。由上可以看出，粟作农业自始至终是拓拔鲜卑生存策略的重要组成部分，在促进其融入中原农耕人群的进程中发挥了重要作用。

表7 拓拔鲜卑人骨的同位素数据

位置	遗址	时间	数据量	$\delta^{13}C$（‰）(Mean±SD)	$\delta^{15}N$（‰）(Mean±SD)	参考文献
内蒙古	扎赉诺尔、东乌珠尔、团结墓群	早期（公元1世纪，汉）	7	−12.7±1.1	10.7±0.9	Zhang et al.（2015）
内蒙古	三道湾和叭沟墓群	中期（东汉至魏晋）	18	−14.7±0.8	11.9±0.8	Zhang et al.（2015）
山西	南郊北魏墓群	晚期（北魏）	42	−9.6±2.0	9.8±1.0	Zhang et al.（2015）
山西	金茂园墓群1组		60	−9.8±0.1	9.3±0.1	Zhang et al.（2021）
山西	金茂园墓群2组		16	−14.2±0.5	10.9±0.3	Zhang et al.（2021）
山西	水泊寺墓群		34	−8.2±2.9	9.3±1.1	侯亮亮和古顺芳（2019）
山西	东信广场墓群1组		7	−15.5±1.5	11.2±1.3	侯亮亮等（2018）
山西	东信广场墓群2组		19	−10.0±1.1	9.3±0.5	侯亮亮等（2018）
山西	御昌佳园北魏墓群		20	−10.0±1.1	9.6±0.7	侯亮亮等（2018）
山西	华宇广场北魏墓群		13	−9.5±0.7	9.7±0.5	侯亮亮等（2018）

资料来源：作者自制。

小结。通过以上研究可以看出，粟作农业将古代游牧民族与农耕民族的命运紧密相连，是我国古代民族交流融合的"粘合剂"，为民族之间的融合乃至中华民族的形成奠定了物质和文化基础。

结语

粟（稷）和黍，虽是"五谷"（东汉赵岐认为，"五谷谓稻、黍、稷、麦、菽也"；东汉郑玄解释，"五谷，麻、黍、稷、麦、豆也"）中的重要组成部分，但在"五谷"中似乎并不引人注意。而我国却用"社稷"来指代国家，这充分说明了粟对于中华民族的重要性。借助目前已发表的大量人骨同位素数据，我们对粟作农业在中华文明中的重要性有了更为深刻的认识。

其一，粟作农业是中华文明和中华民族形成和发展的物质基础。粟黍体积虽小但极其重要，在中华文明和中华民族形成中发挥了关键基础性作用。其二，在中华文明和中华民族形成的历程中，均可以发现粟类作物的踪影，可见粟作农业对促进中华文明的诞生以及中华民族共同体的形成具有重要作用。可以说，粟类作物是中华文明和中华民族的"饮食文化基因"。

参 考 文 献

张雪莲、仇士华等：《二里头遗址、陶寺遗址部分人骨碳十三、氮十五分析》，载《科技考古（第2辑）》，科学出版社2007年版。

吴小红、肖怀德等：《河南新砦人、猪食物结构与农业形态和家猪驯养的稳定同位素证据》，载《科技考古（第2辑）》，科学出版社2007年版。

顾玉才：《内蒙古和林格尔县土城子遗址战国时期人骨研究》，博士学位论文，吉林大学，2007年。

魏彩云：《利用 δ^{13}C 与 δ^{15}N 分析中国部分地区古代生业与社会居民食物结构》，硕士学位论文，北京大学，2004 年。

程露霞：《焦家遗址的人骨同位素分析》，硕士学位论文，山东大学，2020 年。

邱晓甜：《后李遗址后李文化时期（8500—7500a BP）人和动物骨骼的 C、N 稳定同位素分析》，硕士学位论文，山西大学，2021 年。

蔡莲珍、仇士华：《碳十三测定和古代食谱研究》，《考古》1984 年第 10 期。

张雪莲、王金霞等：《古人类食物结构研究》，《考古》2003 年第 2 期。

胡耀武、何德亮等：《山东滕州西公桥遗址人骨的稳定同位素分析》，《第四纪研究》2005 年第 5 期。

张全超、朱泓、胡耀武等：《内蒙古和林格尔县新店子墓地古代居民的食谱分析》，《文物》2006 年第 1 期。

胡耀武、Stanley H. Ambrose 等：《贾湖遗址人骨的稳定同位素分析》，《中国科学（D 辑：地球科学）》2007 年第 1 期。

裴德明、胡耀武等：《山西乡宁内阳垣遗址先民食物结构分析》，《人类学学报》2008 年第 4 期。

张全超、常喜恩、刘国瑞：《新疆巴里坤县黑沟梁墓地出土人骨的食性分析》，《西域研究》2009 年第 3 期。

凌雪、陈靓等：《山西芮城清凉寺墓地出土人骨的稳定同位素分析》，《第四纪研究》2010 年第 2 期。

张雪莲、仇士华等：《中原地区几处仰韶文化时期考古遗址的人类食物状况分析》，《人类学学报》2010 年第 2 期。

张全超、Jacqueline T. ENG 等：《内蒙古察右前旗庙子沟遗址新石器时代人骨的稳定同位素分析》，《人类学学报》2010 年第 3 期。

付巧妹、靳松安、胡耀武等：《河南淅川沟湾遗址农业发展方式和先民食物结构变化》，《科学通报》2010 年第 7 期。

郭怡、胡耀武等：《姜寨遗址先民食谱分析》，《人类学学报》2011 年第 2 期。

凌雪、陈曦等：《新疆巴里坤东黑沟遗址出土人骨的碳氮同位素分析》，

《人类学学报》2013 年第 2 期。

王芬、宋艳波等：《北阡遗址人和动物骨的 C，N 稳定同位素分析》，《中国科学：地球科学》2013 年第 12 期。

司艺、吕恩国等：《新疆洋海墓地先民的食物结构及人群组成探索》，《科学通报》2013 年第 15 期。

王洋、南普恒等：《相近社会等级先民的食物结构差异——以山西聂店遗址为例》，《人类学学报》2014 年第 1 期。

赵志军：《中国古代农业的形成过程——浮选出土植物遗存证据》，《第四纪研究》2014 年第 1 期。

陈相龙、郭小宁、胡耀武等：《陕西神木木柱柱梁遗址先民的食谱分析》，《考古与文物》2015 年第 5 期。

郭怡、夏阳等：《北刘遗址人骨的稳定同位素分析》，《考古与文物》2016 年第 1 期。

舒涛、魏兴涛、吴小红：《晓坞遗址人骨的碳氮稳定同位素分析》，《华夏考古》2016 年第 1 期。

陈相龙、郭小宁等：《陕北神圪垯墚遗址 4000a BP 前后生业经济的稳定同位素记录》，《中国科学：地球科学》2017 年第 1 期。

邓振华、秦岭：《中原龙山时代农业结构的比较研究》，《华夏考古》2017 年第 3 期。

周立刚：《稳定碳氮同位素视角下的河南龙山墓葬与社会》，《华夏考古》2017 年第 3 期。

陈相龙、方燕明、胡耀武等：《稳定同位素分析对史前生业经济复杂化的启示：以河南禹州瓦店遗址为例》，《华夏考古》2017 年第 4 期。

侯亮亮、古顺芳：《大同地区北魏时期居民食物结构的转变》，《边疆考古研究》2018 年第 1 期。

张昕煜、张旭等：《东周时期内蒙古中南部人群和文化融合进程中的农业经济——以和林格尔大堡山墓地人骨 C、N 稳定同位素分析为例》，《中国科学：地球科学》2018 年第 2 期。

陈相龙、吴业恒等：《从中沟与王圪垱遗址看公元前三千纪前后洛阳盆地的生业经济》，《第四纪研究》2019 年第 1 期。

侯亮亮、古顺芳等：《大同水泊寺北魏墓群人和动物骨骼的稳定同位素：试析北魏女性的地位》，《边疆考古研究》2019 年第 2 期。

杨凡、王青、王芬：《河南博爱西金城遗址人和动物骨的碳氮稳定同位素分析》，《第四纪研究》2020 年第 2 期。

侯亮亮、赵杰等：《稳定同位素和植物微体化石证据所见山西忻定盆地4000a BP 前后的生业经济》，《中国科学：地球科学》2020 年第 3 期。

赵志军：《新石器时代植物考古与农业起源研究》，《中国农史》2020 年第 3 期。

赵志军、赵朝洪等：《北京东胡林遗址植物遗存浮选结果及分析》，《考古》2020 年第 7 期。

刘晓迪、魏东等：《内蒙古东南部战国时期的农业经济及人群融合》，《人类学学报》2021 年第 5 期。

杨柳红、姬凌飞等：《山西太原盆地龙山文化时期的生业经济——以阳曲县西殿南遗址人和动物骨骼的 C、N 稳定同位素分析为例》，《第四纪研究》2023 年第 1 期。

P. Atahan et al., "Early Neolithic Diets at Baijia, Wei River Valley, China: Stable Carbon and Nitrogen Isotope Analysis of Human and Faunal Remains", *Journal of Archaeological Science*, 38 (10), 2011.

P. Atahan et al., "Temporal Trends in Millet Consumption in Northern China", *Journal of Archaeological Science*, Vol. 50, 2014.

L. Barton et al., "Agricultural Origins and the Isotopic Identity of Domestication in Northern China", *Proceedings of the National Academy of Sciences*, 106 (14), 2009.

X. L. Chen et al., "Raising Practices of Neolithic Livestock Evidenced by Stable Isotope Analysis in the Wei River Valley, North China: Neolithic Livestock Raising in Wei River Valley", *International Journal of Osteoarchaeology*, 26 (1), 2016.

Y. Dong et al., "Shifting Diets and the Rise of Male-Biased Inequality on the Central Plains of China during Eastern Zhou", *Proceedings of the National Academy of Sciences*, 114 (5), 2017.

L. Hou et al., "Human Subsistence Strategy at Liuzhuang Site, Henan, China during the Proto−Shang Culture (2000−1600 BC) by Stable Isotopic Analysis", *Journal of Archaeological Science*, 40 (5), 2013.

Y. Hu et al., "Stable Isotope Analysis of Humans from Xiaojingshan Site: Implications for Understanding the Origin of Millet Agriculture in China", *Journal of Archaeological Science*, 35 (11), 2008.

Y. Hu., "Thirty−Four Years of Stable Isotopic Analyses of Ancient Skeletons in China: An Overview, Progress and Prospects", *Archaeometry*, 60 (1), 2018.

M. J. Kohn, "You Are What You Eat", *Science*, 283 (5400), 1999.

N. N. Kradin et al., "Iron Age Societies of Western Transbaikalia: Reconstruction of Diet and Lifeways", *Journal of Archaeological Science: Reports*, Vol. 38, 2021.

J. A. Lee−Thorp, "On Isotopes and Old Bones", *Archaeometry*, 50 (6), 2008.

H. Lu et al., "Earliest Domestication of Common Millet (Panicum Miliaceum) in East Asia Extended to 10, 000 Years Ago", *Proceedings of the National Academy of Sciences*, 106 (18), 2009.

Y. Ma et al., "Isotopic Perspectives (δ^{13}C, δ^{15}N, δ34S) of Diet, Social Complexity, and Animal Husbandry during the Proto−Shang Period (ca. 2000−1600 BC) of China", *American Journal of Physical Anthropology*, 160 (3), 2016.

C. A. Makarewicz and J. Sealy, "Dietary Reconstruction, Mobility, and the Analysis of Ancient Skeletal Tissues: Expanding the Prospects of Stable Isotope Research in Archaeology", *Journal of Archaeological Science*, Vol. 56, 2015.

E. A. Pechenkina et al., "Reconstructing Northern Chinese Neolithic Subsistence Practices by Isotopic Analysis", *Journal of Archaeological Science*, 32 (8), 2005.

L. L. Tieszen and T. Fagre, "Carbon Isotopic Variability in Modern and Archaeological Maize", *Journal of Archaeological Science*, 20 (1), 1993.

X. Yang et al., "Early Millet Use in Northern China", *Proceedings of the National Academy of Sciences*, 109 (10), 2012.

G. Zhang et al., "Agriculturalization of the Nomad-Dominated Empires of the Northern Wei Dynasty in Pingcheng City (398-494 ad): A Stable Isotopic Study on Animal and Human Bones from the Jinmaoyuan Cemetery, China", *International Journal of Osteoarchaeology*, 31 (1), 2021.

G. Zhang et al., "A Paleodietary and Subsistence Strategy Investigation of the Iron Age Tuoba Xianbei Site by Stable Isotopic Analysis: A Preliminary Study of the Role of Agriculture Played in Pastoral Nomad Societies in Northern China", *Journal of Archaeological Science: Reports*, No. 2, 2015.

L. Zhou et al., "Diet of the Chanyu and His People: Stable Isotope Analysis of the Human Remains from Xiongnu Burials in Western and Northern Mongolia", *International Journal of Osteoarchaeology*, 32 (4), 2022.

二、现实建构：中国式现代化

中国式现代化的早期探索

程亚文 *

引言:"新国家"的现代化追求

1940 年 1 月 9 日,毛泽东同志在陕甘宁边区文化协会第一次代表大会上题为《新民主主义的政治与新民主主义的文化》(同年 2 月 20 日发表于《解放》第九十八、九十九期合刊,题目改为《新民主主义论》)的演讲中提出,要建设一个中华民族的新社会和新国家,"在这个新社会和新国家中,不但有新政治、新经济,而且有新文化。这就是说,我们不但要把一个政治上受压迫、经济上受剥削的中国,变为一个政治上自由和经济上繁荣的中国,而且要把一个被旧文化统治因而愚昧落后的中国,变为一个被新文化统治因而文明先进的中国"[1]。1945 年 4 月 23 日至 6 月 11 日,党的七大在延安举行,

---

* 程亚文,上海外国语大学国际关系与公共事务学院政治学系主任、教授、博导。

[1] 《毛泽东选集》第二卷,人民出版社 1991 年版,第 663 页。

毛泽东同志对未来建设一个什么样的新中国作了进一步阐述，提出要建立"一个独立、自由、民主、统一、富强的中国"。值得注意的是，《新民主主义论》与党的七大报告中所说的"新国家"，是指现代化的新国家。在党的七大会后的1945年6月17日，毛泽东同志率领七大代表等举行中国革命死难烈士追悼大会。他在发表演讲时强调："中国人民的生产力是应该发展的，中国应该发展成为近代化的国家、丰衣足食的国家、富强的国家"。① 在近代以来的中国思想中，"近代化"所指实际上就是"现代化"。在更早的1938年7月2日，毛泽东同志在同世界学联代表团的谈话中，畅谈了在抗战胜利后建立现代化的新中国的构想："这就是中国的现代国家，中国很需要这样一个国家。有了这样一个国家，中国就离开了半殖民地与半封建的地位，变成了自由平等的国家，离开了旧中国，变成了新中国。"②《新民主主义论》和党的七大报告代表了中国共产党早期对现代化的总体性构想，中国革命和建设的成就有无达到《新民主主义论》中所说的新经济、新政治、新文化的要求和独立、自由、民主、统一、富强的目标，因此也成为中国是否实现现代化的关键衡量标准。同时，还要看到，毛泽东同志对新社会、新国家以及新政治、新经济、新文化的描述，还包含了中国通过革命迈向现代国家的其他重要方面：一是蕴含了转变国家形态的期许，即从旧的政治、经济、文化，转变到新的政治、经济、文化，这也是由传统到现代之变；二是转变将以改造内外关系、突破外力制约为前提，即解除帝国主义带来的压迫和剥削；

---

① 《毛泽东文集》第三卷，人民出版社1996年版，第432页。
② 《毛泽东文集》第二卷，人民出版社1993年版，第134页。

三是在转变中塑造新的国家状态，首要的则是"政治上自由"，亦即党历来强调的"独立自主"和20世纪下半叶以来政治研究中被频繁讨论的"国家能力""国家自主"。

中国为什么要追求现代化，中国的现代化是在什么样的情境下展开的，又需要突破什么样的障碍？《新民主主义论》清晰展现了现代化在政治、经济、文化三个基本层面上的关联性，其在相互支撑中融为一体。"新政治"即区别于传统的政治，它与"新经济""新文化"共同构成"新国家"，三者是相互依存、彼此证成的关系，亦即"新经济""新文化"将内在于"新政治"或可由之推导生成，反之亦然。如果将这三个方面置于传统中国的政治语境中，可以看到，其实际上代表了中国在帝国主义压迫下发生了国家崩溃和传统的道统、政统（或治统）瓦解后，中国共产党在中国面临生存性挑战、政治主题陡然发生改变的新语境下，试图通过创造"新文化""新政治"来重建道统和政统的努力，① 它把"打倒帝国主义"作为一项至关重要的政治任务，又建立在新的经济基础上。"新经济"就是摆脱帝国主义、官僚资本主义控制和能够直接服务于人民的经济。在以"新文化""新政治"推动道统和政统重建时，《新民主主义论》和党的七大报告对现代化新国家的构想，又与民主息息相关，它和独立、自由、统一、富强并置，共同构成"新国家"的题中之义。中国式现代化从其起始时刻起，就与民主密不可分；中国式现代化中的民主观，也因此内在于中国式现代化中的国家观和政治观。所谓国家观和

---

① 参见程亚文：《现代中国政治主题的重构与道统重建》，《文化纵横》2021年第3期。

政治观，是对国家性质和政治运行机制的认识，即由谁统治、如何治理，这在毛泽东同志和中国共产党的政治理论中，通常表述为"国体"和"政体"。民主到底是为什么样的国家和政治而生，这决定了民主在中国的性质，也决定了它的形式。

中国式现代化的历史缘起，是在全球中心—边缘格局下，中国陷入国家崩溃和帝国主义压迫的处境，以及在资本主义的全球扩张中，中国也需要面对市场扩张与保护社会的"双向运动"① 带来的资本—政治关系紧张。回溯到 20 世纪上半叶中国共产党诞生及其领导的革命斗争，特别是新民主主义革命时期，毛泽东同志和中国共产党为何提出"新国家"构想，这个"新国家"由谁来建和如何建设？它与民主观念、民主制度有何关系？在中华人民共和国成立后，民主观念在"新国家"中又是如何演进发展和进一步塑造了当代中国的政治面貌？本文将剖析内在于"新国家"和中国式现代化追求中的民主愿景，以及它作为政治本体和政治实践，又如何规范了此后中国的政治伦理、准则及追求。所论将涉及：中国式现代化为什么需要民主，需要什么样的民主，以及如何推进了民主。

以"人民"重建国体和道统

中国对民主的理解，既与世界其他国家共享了一定的普遍性，又

---

① 注：即市场扩张的同时会不断遭遇旨在约束市场扩张的反向运动。参见〔英〕卡尔·波兰尼：《巨变：当代政治与经济的起源》，黄树民译，社会科学文献出版社 2013 年版。

融入自身历史人文和实践国情，展现出视角差异和特殊关切。2021
年12月，国务院新闻办公室发布的《中国的民主》白皮书指出，不
同国家有不同的民主形态，中国的民主是人民民主，人民当家作主是
中国民主的本质和核心。中国共产党人一向认为，人民是历史的创造
者。毛泽东同志在党的七大开幕词中总结抗战历史经验和抗日解放区
建设经验时说："人民，只有人民，才是创造世界历史的动力"①，这
句话肯定了人民的主体地位，即人民作为主权者的历史正当性。1949
年9月21日，在中国人民政治协商会议第一届全体会议上，毛泽东
同志致开幕词，即《中国人民站起来了》，"中国人民"与中华人民
共和国的创建被紧密关联。党的十八大以来，以习近平同志为核心的
党中央明确提出坚持"以人民为中心"②。为什么需要"人民"，什
么是"人民"，又该如何建构"人民的政治"？"民主"的前提是
"民"，如何理解"民"，是理解"民主"的关键；中国式现代化中
的民主观，因此内契于中国革命和建设中形成的人民观。

向"人民"问新路。"人民"成为"新国家"的政治前提，是
因为在传统中国的"旧国家"解体后，发生了政治资源的缺失。19
世纪后期，在经历两次鸦片战争的失败后，中国内部出现了以追求
"近代化"为名的现代化运动，"洋务运动"是其集中体现。当时的
现代化运动是以欧洲国家的工业化、政治制度、思想文化为鉴，包含
了对中国传统的反思与扬弃。当时的中国有识之士对中国问题的认

---

① 《毛泽东选集》第三卷，人民出版社1991年版，第1031页。
② 习近平：《高举中国特色社会主义伟大旗帜 为全面建设社会主义现代化国家
而团结奋斗——在中国共产党第二十次全国代表大会上的报告》，人民出版社2022年
版，第10页。

识，经历了由开始时认为中国不够富强，到后来认为中国的政治制度有欠缺，再到整体性否定中国文化传统、认为其不符合现代化要求的演进过程。① 现代化运动带来的一个阶段性政治后果，就是清朝在不断加深的政治和文化激进主义中走向崩溃。在放弃儒家文化符号体系和推翻帝制后，与以往世代的朝代更替不同，现代中国的政治属于"推倒重来"，不是重续以往的道统和政统，而是在基本弃用传统道统和政统资源的情况下新建道统和政统，即重新选择政治义理进行国家重建。此一"三千年未有之大变局"（李鸿章语）给当时中国带来一道政治难题——现代中国政治重建所需要的政治资源必须重新获取，然而，何处获取、如何获取却是茫然无措的。这也导致在清朝崩溃后，中国政治重建经历了一系列试错过程。毛泽东同志和中国共产党的"新国家"构想，同样是在这一脉络中展开，"民主"是"新国家""新政治"构想的有机组成部分，是近代以来中国人的现代化追求在政治上的表现。因此，需要从道统和政统重建的角度，来理解"民主"在近代中国的发生、演变，以及中国式现代化中的民主追求，而这又与"发现人民"密切相关。

清朝崩溃后的主要政治挑战是新的道统和政统在短时间内无法建立，或者，从西方政治学的角度看，是主权者缺位。因此，通过道统、政统重建，构建主权者，至关重要。中国式现代化在新民主主义革命时期的主要任务是创建"新国家"，而其重要方面之一则是创建"新政治"，也就是现代化的政治。何谓现代政治？塞缪尔·亨廷顿

---

① 参见李世涛主编：《知识分子立场——激进与保守之间的动荡》，时代文艺出版社 2002 年版。

（Samuel P. Huntington）在研究发展中国家的政治发展时，提出现代政治秩序的建构要满足三个条件：权威合理化、政治功能专门化和公民的政治参与。① 权威合理化即产生有足够统摄力的主权者，且主权者只能是一个，也就是说，实现政治权力的集中。用中国政治语言来说，就是重建道统和政统，建立体现国体的适当政体。"人民民主专政"因此而来。亨廷顿所说的公民政治参与，部分体现在民主集中制中。主权者的构建，大体可以理解为重建大一统，② 按蒋庆解释，它包含形而上和形而下两部分，形而上是指"政治社会必须自下而上地依止（系于）一个形上的本体，从而使这一政治社会获得一个超越的存在价值"③，无"本"则无"道"，"君子务本，本立而道生"④；形而下则是"在具体的政治社会中，王是公共权力的代表，现实的政治秩序必须统于王才是合法的政治秩序，因为王者受命于天以统天下。"⑤ 主权者或大一统构建，既涉道统，也涉政统，从形而上来论，是要重构政治的神圣性，即道统更新。从近代以来很多国家的政治现代化历程来看，这主要是通过构建"人民"来实现的，"人民"取代"上帝"成为最高实在，"以人民的名义"成为政治正当性的主要基础，"谁宣称拥有了'人民'，谁就可以来一场'革命'"⑥。

① 参见［美］塞缪尔·P·亨廷顿：《变化社会中的政治秩序》，王冠华等译，上海人民出版社2021年版，第26—27页。
② 参见程亚文：《现代中国政治主题的重构与道统重建》，《文化纵横》2021年第3期。
③ 蒋庆：《政治儒学》，福建教育出版社2014年版，第246页。
④ 参见《论语·学而》。
⑤ 蒋庆：《政治儒学》，福建教育出版社2014年版，第236页。
⑥ 刘小枫：《现代人及其敌人——公法学家施米特引论》，华夏出版社2009年版，第88页。

保罗·卡恩（Paul W. Kahn）指出，"美国人民"是美国独立战争、南北内战以及美国处在关键时刻的常见词汇，美国的总统、国会和最高法院，"三个机构都宣称有以'我们人民'的名义行动的某种程度上的终极权力"①。现代中国的革命也不例外，同样以"人民"重构"大一统"的形而上形态，建立政治正当性，从而为主权者的形成构建神圣性基础。以"人民"为起点重建政治的原因还在于，"民为邦本"是中国传统帝制的前提原则，政治关系的确立、政治秩序的安排都是以此为基础，"这种关系决定了一旦帝制崩解，帝制所确立的君、官与国消失后，'民'自然凸显为现实的主体力量，这种变化恰好契合了现代民主的内在倾向"。②

以"人民"来构建新的政治义理，是中国式现代化在政治方面的关键所在。"人民"是政治现代化的前提，也是政治现代化的体现。区别于以往的"臣民"，"人民"所建立的是新的政治正当性与目的性，即人民是国家权力的来源，既是建构国家的主体，也是平等权利的受体。中国语境中的"人民"，更经常性的称谓为"中国人民"，因此具有了神圣性，是建构"新国家"的精神源泉，代表了重建道统的努力。由于"人民"被想象为是主体间的平等联合，"民主"因此内生于"人民"，以"中华民族"为表述的共同体是以构成"中华民族"的每个个体间的平等人格、共享权力和权利为特征和表现的。在政治为"人民"而展开时，人民是否同意和有无满足人民

① ［美］保罗·卡恩：《政治神学——新主权概念四论》，李强编，郑琪译，译林出版社 2015 年版，第 16 页。
② 林尚立：《大一统与共和：中国现代政治的缘起》，《复旦政治学评论》2016年第 1 期。

的需求，是有无政治正当性的依据所在。"以人民为中心"和人民主权，因此包含了两个层面：一是民众的政治参与，即政治权利，"一切权力属于人民"；二是服务人民需求，"一切为了人民"，此以"为人民服务"为旨归。它们都体现在中国共产党对"国体""政体"的定义中。

"兵民是胜利之本"。近代以来，从早期的维新派到后来的革命党人，都高度重视"人民"。1902 年，梁启超发表《新民说》，提出后来广为流传的"以为欲维新吾国，当先维新吾民"。1920 年元旦，孙中山先生曾这样给中国国民党人题写勉词："唤起民众，导之以奋斗；实现革命，继之以努力。"在 1949 年全国解放前夕，毛泽东同志发表《论人民民主专政》一文，指出到现在为止，中国人民已经取得的主要的和基本的经验，就是这两件事，即：在国内，唤起民众，结成国内的统一战线，并由此发展到建立工人阶级领导的以工农联盟为基础的人民民主专政的国家；在国外，联合世界上以平等待我的民族和各国人民，共同奋斗，结成国际的统一战线。[1]

对"人民"的高度重视，也有着现实功用性考虑。首要的关切，就在于面对当时中国面临的主要挑战，即"三座大山"，孙中山先生所说的军阀及其背后的帝国主义，必须要以新的方式作出回应。无论是主张人民的权利还是提出服务人民需求，都要以能够解决当时中国的主要挑战为旨归。近代以来，中国面对"万国竞争"[2] 的格局，必

---

① 参见《毛泽东选集》第四卷，人民出版社 1991 年版，第 1472 页。
② 参见章永乐：《万国竞争——康有为与维也纳体系的衰变》，商务印书馆 2017 年版。

须号召民众以共克时艰，塑造"人民"叙事是为了唤醒民众的主体性和牺牲精神，充分调动起全体民众的归属感，增强自觉参与革命的主动性、积极性，从而汇集革命能量，共同参与到"打倒帝国主义"、赶走外来侵略者的近代志业，改变中国社会内部结构，并在此基础上重建国家。中国共产党主张的人民民主，宣示了人民在国家中的主体性，其与国家在国际体系中的主体性是相互支撑、彼此成就的。

人民之所以是"创造世界历史的动力"，是因为在近代以来伴随产业革命和战争工业化时代来临，不能获得民众的广泛支持和参与，就不可能打赢现代战争。在工业化之前的世代，战争通常只是军队和政府的事情，但在进入 19 世纪后，战争已越来越广泛地吸收全民参与，德国军事思想家卡尔·冯·克劳塞维茨（Carl von Clausewitz）指出，"自从拿破仑出现以后，战争首先在作战的一方，而后又在另一方变成全体人民的事情"[1]，"于是，不是政府和军队，而是全体人民以其固有的力量来决定问题了"[2]。近代以来，欧洲经历了由以往的"王朝战争"到现代的"人民战争"的转变。美国政治学者查尔斯·蒂利（Charles Tilly）在研究近世的战争与政治时，认为现代国家的兴起经历了一个"战争塑造国家，国家制造战争"的过程，为民众赋权是动员群众、提升战争能力、塑造国家的关键途径。中国式现代化中的缘起，恰恰处于"战争与革命"的时代，中国共产党高度重

---

① ［德］卡尔·冯·克劳塞维茨：《战争论》第三卷，解放军出版社 2012 年版，第 926 页。

② ［德］卡尔·冯·克劳塞维茨：《战争论》第三卷，解放军出版社 2012 年版，第 924 页。

视动员人民群众，为此也更加重视人民群众的主体性和政治本体性，因为"战争的伟力之最深厚的根源，存在于民众之中"①；"革命战争是群众的战争，只有动员群众才能进行战争，只有依靠群众才能进行战争"②。这在抗日战争期间尤其明显，1937 年 5 月，在延安召开的中国共产党全国代表会议上，毛泽东同志指出："对于抗日任务，民主也是新阶段中最本质的东西，为民主即是为抗日"③；在 1945 年党的七大会议上，毛泽东同志指出，"如果我们能够团结全国人民，努力奋斗，并给以适当的指导，我们就能够胜利"。④ 对比毛泽东同志的《论持久战》，与亚伯拉罕·林肯（Abraham Lincoln）于美国南北战争期间颁布的《解放黑人奴隶宣言》（The Emancipation Proclamation），可以发现，无论是在美国还是在中国，处在"塑造国家"或重建国家的关键时刻，伟大政治家的思考是基本一致的，都认为要最大程度通过为民众赋权、动员人民群众，从而汇集更强的战争能力。在《论持久战》中，毛泽东同志鲜明提出，"兵民是胜利之本"，为此要用进步的政治精神贯注于军队之中，实行官兵一致、军民一致，要改变中国民众的无组织状态。在《解放黑人奴隶宣言》中，林肯宣布，"所有作为黑奴的人现在和今后永远获得自由；合众国政府，包括海陆军当局在内，将承认并保持上述人们的自由"，更重要的是，"这些人们可参加合众国的军事工作，驻守炮台、阵地、卫戍区域以及其他地区，以及在各种军舰上服役"。

---

① 《毛泽东选集》第二卷，人民出版社 1991 年版，第 511 页。
② 《毛泽东选集》第一卷，人民出版社 1991 年版，第 136 页。
③ 《毛泽东选集》第一卷，人民出版社 1991 年版，第 274 页。
④ 《毛泽东选集》第三卷，人民出版社 1991 年版，第 1032 页。

只有"人民"被置于中心位置，才有可能唤醒人民。中国共产党因此提出"一切为了人民""为人民服务"的政治口号，以及"从群众中来，到群众中去"的群众路线，并将此贯彻于具体的政治实践中。"为人民服务"这句话出自毛泽东同志在中央警备团追悼张思德纪念会上的演讲，"我们的共产党和共产党所领导的八路军、新四军，是革命的队伍。我们这个队伍完全是为着解放人民的，是彻底地为人民的利益工作的"，"我们是为人民服务的，所以，我们如果有缺点，就不怕别人批评指出"。① 在《论联合政府》一文中，毛泽东同志再次强调："紧紧地和中国人民站在一起，全心全意地为中国人民服务，就是这个军队的唯一的宗旨。"②

政治参与，即民主是调动"人民"积极性的制度保障。"人民"叙事和民主制度共同构成统合中华民族的核心动员机制，中国共产党在提出建立以工农联盟为基础的人民民主专政制度的同时，又创造出协商民主的观念与制度。在抗日战争及解放战争期间，党以此团结民主党派和各界人士，成功吸引中国社会不同党派的精英分子也加入"建国大业"中，得到了包括当时的美军赴延安观察团在内的广泛赞誉，"中国人民政治协商会议"也成为中国共产党创立的重要政治形式和组织形式。

"人民"的内涵。在"新国家"的创建过程中，"人民"既是能动者，也是必须依靠的对象，这决定了现代中国的道统重建和"旧邦新造"，与如何界定"人民"切切相关，它也决定了政治在现代中

① 《毛泽东选集》第三卷，人民出版社1991年版，第1004页。
② 《毛泽东选集》第三卷，人民出版社1991年版，第1039页。

国展开的方式和"新国家"的性质,包括民主在中国的性质。毛泽东
同志和中国共产党在"国体"问题上对此作出了回答。早在 1940 年
1 月,毛泽东同志就指出:"这个国体问题,从前清末年起,闹了
几十年还没有闹清楚。其实,它只是指的一个问题,就是社会各阶级
在国家中的地位。"①《中华人民共和国宪法》(以下简称《宪法》)规
定:"中华人民共和国是工人阶级领导的、以工农联盟为基础的人民
民主专政的社会主义国家",清楚界定了中国的国体是人民民主专
政。1948 年 6 月 1 日,毛泽东同志在为中共中央宣传部重印列宁的
《共产主义运动中的"左派"幼稚病》第二章所写的重印前言中指
出:"列宁在本书中所说的,是关于无产阶级专政。今天在我们中
国,则不是建立无产阶级专政,而是建立人民民主专政。这种人民民
主专政的内容和无产阶级专政的内容的历史区别,就是:我们的人民
民主专政是无产阶级领导的、人民大众的、反帝反封建反官僚资本的
新民主主义革命,这种革命的社会性质,不是推翻一般资本主义,乃
是建立新民主主义的社会,建立各个革命阶级联合专政的国家;而无
产阶级专政则是推翻资本主义,建设社会主义。"② 这是党的历史文
献中最早使用"人民民主专政"的概念,毛泽东同志对"人民民主
专政"和"无产阶级专政"作出了辨析。在 1948 年 9 月中共中央政
治局扩大会议上,毛泽东同志围绕"关于建立无产阶级领导的以工
农联盟为基础的人民民主专政"问题作了重点阐述,指出:"我们政

---

① 《毛泽东选集》第二卷,人民出版社 1991 年版,第 676 页。
② 中共中央文献研究室、中央档案馆编:《建党以来重要文献选编(1921—
1949)》第二十五册,中央文献出版社 2011 年版,第 325—326 页。

权的阶级性是这样：无产阶级领导的，以工农联盟为基础，但不是仅仅工农，还有资产阶级民主分子参加的人民民主专政。"① 1949 年 7 月 1 日，毛泽东同志在《论人民民主专政》一文中，系统阐述了人民民主专政的国体思想，包括民主和专政的关系，指出："对人民内部的民主方面和对反动派的专政方面，互相结合起来，就是人民民主专政。"②

既然区分出"人民内部"和"反对派"，清朝崩溃之后较长时间的中国政治，不可避免地需要识别敌友，"谁是我们的敌人？谁是我们的朋友？这个问题是革命的首要问题"③。德国政治学家卡尔·施米特（Carl Schmitt）也认为，"所有政治活动和政治动机所能归结成的具体政治性划分便是朋友与敌人的划分"④。谁是"敌人"？"三座大山"中的帝国主义、封建主义和官僚资本主义，凡是在这个范畴里的，就是敌人和斗争对象。

"人民民主专政"中的人民，在革命年代并非是"全民"。那么，在"人民民主"中，作为民主主体的"人民"具体又是谁呢？1947 年 7 月 1 日，毛泽东同志在为新华社纪念中国共产党创立 26 周年发表的社论《努力奋斗　迎接胜利》特地加写的一段文字中指出："我们有个伟大的民族统一战线，这个统一战线包括工人、农民、知识分子、小资产者、爱国的民族资本家、开明绅士、少数民族及海外华

---

① 《毛泽东文集》第五卷，人民出版社 1996 年版，第 135 页。
② 《毛泽东选集》第四卷，人民出版社 1991 年版，第 1475 页。
③ 《毛泽东选集》第一卷，人民出版社 1991 年版，第 3 页。
④ ［德］卡尔·施米特：《政治的概念》，刘宗坤译，上海人民出版社 2018 年版，第 30 页。

侨，这就是全中国的人民大众"①，这对"人民大众"的构成作出了具体阐释。1948年1月18日，毛泽东同志在为中共中央起草的《关于目前党的政策中的几个重要问题》中，明确提出建立"中华人民共和国"的主张，并对此作出阐释："新民主主义的政权是工人阶级领导的人民大众的反帝反封建的政权。所谓人民大众，是包括工人阶级、农民阶级、城市小资产阶级、被帝国主义和国民党反动政权及其所代表的官僚资产阶级（大资产阶级）和地主阶级所压迫和损害的民族资产阶级，而以工人、农民（兵士主要是穿军服的农民）和其他劳动人民为主体。这个人民大众组成自己的国家（中华人民共和国）并建立代表国家的政府（中华人民共和国的中央政府），工人阶级经过自己的先锋队中国共产党实现对于人民大众的国家及其政府的领导""中华人民共和国的权力机关是各级人民代表大会及其选出的各级政府"。② 1949年7月1日，为纪念中国共产党成立28周年，毛泽东同志在《人民日报》发表《论人民民主专政》一文，对"人民"的内涵作出了更加明确规范的阐释，指出，"人民是什么？在中国，在现阶段，是工人阶级，农民阶级，城市小资产阶级和民族资产阶级。这些阶级在工人阶级和共产党的领导之下，团结起来，组成自己的国家，选举自己的政府……"③。

"敌友"与"人民"，在对立统一中塑造了现代中国的国体和道

---

① 中共中央文献研究室、中央档案馆编：《建党以来重要文献选编（1921—1949）》第二十四册，中央文献出版社2011年版，第218页。

② 《毛泽东选集》第四卷，人民出版社1991年版，第1272页。

③ 《毛泽东选集》第四卷，人民出版社1991年版，第1475页。

统，当敌人被人民消灭、打倒或控制时，"人民"的范围会因具体政治形势的改善而不断扩大。一个获得了政治独立和自主、不再面临战争威胁的国家，在施米特看来，其内部甚至不再有政治，"在一个彻底消除了战争可能性的世界上，在一个完全实现了和平的世界上，将不会存在敌友划分，因而政治也将不复存在""在这种情况下，一个国家的内部论争，'政治'一词在今天往往可与'政党政治'相互替换"①。新中国成立后，通过阶级斗争消除了资产阶级，"人民"的范围也随之扩展，几乎所有中华人民共和国的公民都可以被称为"人民"。当然，在中华人民共和国成立后一段时间内，存在着阶级斗争扩大化，"人民"与"敌人"仍鲜明两分，这一方面是因为之前的历史惯性；但另一方面，可以理解为，一个新政权的建立，并不意味着"敌人"马上消失，政治秩序在一定时间内仍将面对来自旧制度残余的威胁，这从美国南北战争、中国秦末战争的经历中，都可以一窥端倪。

民主的优先目的：大一统

在以"人民"叙事构建人民民主专政的国体的同时，中国共产党也明确了民主集中制的政治组织原则及以此为基础的政体形式。"人民民主专政"中的"民主"，与"民主集中制"的民主，具有价

---

① ［德］卡尔·施米特：《政治的概念》，刘宗坤译，上海人民出版社 2018 年版，第 42、38 页。

值与手段的分殊，分别对应了不同的政治目标，前者在于对"新国家"进行道统建构、形成主权者和界定国家性质，后者在于以合适的工具和操作方式推进政治议程，达成人民民主专政的价值和立场。

为何要以民主为基础，又落脚于"集中"？在于现代化"新国家"的构建，既要在形而上层面形成"大一统"意志，又要在形而下层面重建大一统政治。林尚立认为，在中国由古代政治向现代政治转变的过程中，有两个历史大势起决定性作用：其一是人民成为国家的主人，即人民民主；其二是保持国家在向现代转型过程中的统一性和整体性，使千年文明古国实现整体的现代转型。长期以来，人们多关注前一个方面而忽略另一个方面，但实际上，中国现代国家的建构，是在告别君主制的传统大一统的同时，又紧紧围绕着作为中华民族生存和发展形态的大一统而展开，中国在现代转型中，必须从维系中华民族大一统的生存与发展出发选择和建构现代制度体系。无论对于传统中国还是现代中国，"大一统"既是一种政治形态，也是中华民族生存和发展的组织形态，它包含了国家建构意义上的"统一"，但又并不简单等同于"统一"。① 在经历清朝崩溃后的宪政共和、帝制复辟、军阀统治等尝试后，20世纪20年代前后，参与推动中国现代变革、呼吁民主自由的有志之士逐渐明白，传统的大一统政治及其历史遗产对中国的现代国家转型所形成的历史规定性是明晰的，那就是新的价值、制度和组织建构，需要的是民主与统一的有机结合。②

① 参见林尚立：《大一统与共和：中国现代政治的缘起》，《复旦政治学评论》2016年第1期。

② 参见林尚立：《大一统与共和：中国现代政治的缘起》，《复旦政治学评论》2016年第1期。

清末保皇派与革命派之争，前者曾意图通过"保皇"来"保全中国"；革命派推翻清朝政权后，在共同体观念上马上发生了翻转，由之前"驱逐鞑虏，恢复中华"转向"五族共和"，进而转向包含了以往大一统共同体结构的"中华民族"，充分反映了革命党人在维系中华民族大一统上的历史惯性与政治自觉。

中心—边缘格局的制约。现代中国重建大一统，已面临与以往极为不同的态势，主要区别就在于中国发生了梁启超在《中国史叙论》一文中所说的从"中国之中国""亚洲之中国"到"世界之中国"的转变，这一转变可谓是由"天下"转向"世界"，也是由"中心"转向"边缘"，即"中国实际已被西方主导的'世界'体系边缘化"①。这又是一个什么样的"世界"呢？罗志田指出，"这是一个自成体系的'世界'，它既不允许中国独处于'化外'，又不那么愿意接纳中国的加入"②。在被迫加入全球体系并被边缘化后，中国面临前所未有的生存危机，清政府就是在无法阻止"数国构煽"中，丧失了主导自身命运的能力；清朝崩溃之后，中国仍处于中心—边缘的全球权力结构之中，内部政治重建处处受到外力掣肘；中华人民共和国成立后，中国实现了独立自主，但战后秩序在各国享有一定共同性的同时，依旧延续了中心—边缘的差别性③，全球权力关系仍然是不平等的，中国被边缘化的处境并没有发生根本转变，这也构成了中

---

① 罗志田：《走向世界的近代中国——近代国人世界观的思想谱系》，《文化纵横》2010 年第 3 期。

② 罗志田：《中国的近代：大国的历史转身》，商务印书馆 2019 年版，第113 页。

③ 参见程亚文：《理解时代特征的范式性变革》，《人民论坛·学术前沿》2021年 8 月上。

国式现代化缘起的总体语境。

处于资本主义中心—边缘世界体系的边缘国家的政治重建，所受到的内外牵扯并非中心国家可比的。中心—边缘格局是在资本主义全球化中产生的，全球化对世界体系、各个国家意味着什么？乔万尼·阿里吉（Giovanni Arrighi）指出，现代国际体系的重要特征，一直表现为资本主义和领土主权统治的权力逻辑之间恒定不变的对立，以及由当时最重要的资本主义国家周期性地通过重组世界政治—经济空间来解决它们的矛盾。① 阿里吉所说的资本主义积累周期，是以"全球化"的方式展现，全球化不仅在全球层面重组政治—经济空间，也会对各个国家形成拉力，重组各个国家的政治—经济空间，弱化各个国家内部不同区域、人群间的经济关联度和社会连带感，进而撼动国家的政治秩序。在"全球化内化"② 产生全球化拉力的过程中，国家掌控自身经济、社会和政治进程的能力也将受到冲击，不能承受这种冲击的国家就有可能出现政治动荡甚至分裂解体。清朝中国、奥斯曼帝国、奥匈帝国、沙皇俄国的崩溃以及美国的南北战争，都发生在19世纪中期到20世纪前期的全球化进程中；在20世纪80年代的新一轮全球化进程中，则发生了苏联、南斯拉夫等国家的解体。从以往包括清朝中国在内的诸多国家无法承受全球化拉力而走向崩溃的经历来看，在资本主义世界体系中，处在相对边缘位置的国家，为对抗全球化的冲击和随之而来的帝国主义压迫，特别需要国家独立自主和强

① ［意］乔万尼·阿里吉：《漫长的20世纪——金钱、权力与我们时代的起源》，姚乃强等译，社会科学文献出版社2022年版，第46页。
② 注：即世界性的问题会随全球化而内化为很多国家的内部问题，并左右很多国家的内政与外交。

大的国家能力，而这只能通过加强政治大一统或中央集权才能实现。一个在全球化拉力和帝国主义压迫下发生政治崩溃的国家，要想重建政治秩序，将极为困难。中心—边缘格局制约了边缘国家可以作出的选择，边缘国家需要考虑的一大问题，就是如何化解来自中心国家的外力对其政治进程的限制、诱导或胁迫，这有赖于出现具有广泛号召力的领导力量，建立具有强大渗透性的组织体系。

以民主致大一统。在中心—边缘差序国际格局制约下，现代中国重建大一统，需要高度重视民主，但对民主的追求，并非空泛地谈论人民的权利，而是又要以大一统能否重新达成为依归。民主应有利于形成共同意志，即民主是在大一统前提下的民主，大一统保障民主的推进，同时，民主又要能起到维护大一统的作用，防止不适当的民主追求进一步造成国家分裂。现代中国的国家转型来自外力冲击，因此，"转型始终不变的立足点是：阻止外部力量摧毁大一统共同体本身，使其能够在现代化过程中存续"[1]。

近代以来，中国对民主的探索，既源于面对的问题、挑战及对民主的理解，也建立在清朝崩溃之后宪政秩序和议会民主试验在中国的失败。在经历了两次鸦片战争的失利后，19世纪50年代末、60年代初，用西方的民主政治替代中国传统政治的想法，就已在中国出现；在清朝崩溃前夕，已展开相关尝试。[2] 宪政民主为何在中国失败？这需要理解现代中国的道统和政统重建，是在当时的全球化语境中展开

---

[1] 林尚立：《大一统与共和：中国现代政治的缘起》，《复旦政治学评论》2016年第1期。

[2] 参见熊月之：《中国近代民主思想史》，上海人民出版社1986年版，第99页。

的，需要分析其给当时中国带来哪些制约。强世功指出，近代以来的全球化不过是世界帝国的政治意志使然，它的底层就是通常所说的资本主义，只要一个国家建立在资本主义"全球化"的底座上且奉行"自由、民主、开放"的政策和制度，那么来自底层资本主义全球化的力量，包括经济的、金融的、文化传媒甚至军事暴力，就会控制这个国家的经济、政治乃至文化，弱小的民主化国家因此必然被世界帝国准殖民化，强大的民主化国家也最多扮演起世界帝国行省的角色，这才是民主化缔造"永久和平"的秘密。① 现实正是如此，清朝崩溃后北洋政府的宪政民主实践，并没有帮助中国重建政治秩序和统一国家，相反却让国家陷入军阀割据和被列强瓜分的境地。孙中山先生指出，当时中国面对的主要问题，乃是军阀及其背后的帝国主义，而后者实际上与全球化乃是一体两面。可见，当时的民主追求并不能呼应现代中国面对的问题和挑战，因此需要寻找民主在中国的新路。

在 20 世纪上半叶，中国主要面对的是帝国主义的压迫，在"打倒帝国主义"的政治主题规范下，中国式现代化中的民主观，其核心追求必然服从服务于当时中国的最大共同利益，即"中华民族的完全独立、统一中国"。在革命战争年代，对民主的向往与对独立的追求，是紧密关联、相辅相成的，民主是动员人民群众、凝聚共同意志、汇集战争能力和打倒帝国主义的重要手段，是通向独立、重建大一统的必由之路。1940 年 2 月 20 日，毛泽东同志在延安各界宪政促进会成立大会的演说中指出，"中国缺少的东西固然很多，但是主要

① 参见强世功：《全球化与世界帝国》，《读书》2023 年第 3 期。

的就是少了两件东西：一件是独立，一件是民主"，又说，"把独立和民主合起来，就是民主的抗日，或叫抗日的民主。没有民主，抗日是要失败的。没有民主，抗日就抗不下去"。① 1944 年 6 月 12 日，毛泽东同志会见中外记者西北参观团并回答提问时强调，"中国缺乏一个为推进战争所必需的民主制度""我们所希望于国民政府、国民党及一切党派的，就是从各方面实行民主。"② 1945 年 6 月 17 日，毛泽东同志在中国革命死难烈士追悼大会的演说中进一步指出，"没有独立，那就还是受帝国主义的压迫，没有民主，那就还是受封建势力的压迫""没有这两个东西，中国是不能统一和不能富强的"。③ 在以民主重建大一统的过程中，还需要看到，民主与大一统不是单向关系，而是相互支撑的。在抗战末期，毛泽东同志指出，抗战胜利有赖于人民的统一，然而，"没有人民的自由，没有人民的民主政治，能够统一吗？有了这些，立刻就统一了"，并指出人民所需要的，是人民的民主的统一，不是独霸者的专制的统一，后者也不可能真正实现统一。④ 民主在现代中国的政治实践中，既是目的和价值，也是手段和工具，两者共存于中国的现代化追求中。

中国共产党：重建大一统的向心力。在全球化拉力下，清朝中国逐渐走向分崩离析，一盘散沙的状态延续了较长时间，在此情况下，特别需要有新的能动主体聚合全体中国人民、抵抗全球化拉力即帝国主义对中国的分化。人民期望大一统，民主要以大一统为归。重建大

---

① 《毛泽东选集》第二卷，人民出版社 1991 年版，第 731、732 页。
② 《毛泽东文集》第三卷，人民出版社 1996 年版，第 169 页。
③ 《毛泽东文集》第三卷，人民出版社 1996 年版，第 432 页。
④ 参见《毛泽东选集》第三卷，人民出版社 1991 年版，第 1071 页。

一统，需要建立在得到广泛呼应的观念体系或意识形态，以及具有贯通性的组织体系上。由于清朝崩溃后的关键性政治问题是主权者缺位，因此，衡量包括民主追求在内的"新政治"建设的成效，主要的标准是能否形成具有足够权威、能够凝聚共同意志、重新实现中国统一的主权意志，以及在新的主权者的组织下，中国能否完成现代化建设的诸多目标。

中国共产党秉持的思想观念和建立的组织体系，有力回应了当时的中国问题。在准确认识 19 世纪后期以来中国所面对的问题及宪政民主的失败经历后，中国共产党自成立起，就树立了建设民主共和国的理想，就有了对民主的新构想。在党的二大制定的党的最低纲领中，就已经提出要推翻帝国主义和封建主义这"两座大山"，"打倒军阀，建设国内和平；推翻国际帝国主义的压迫，达到中华民族的完全独立；统一中国为真正的民主共和国"。"打倒帝国主义""节制资本"，是民主发生的主要因缘。值得注意的是，在党的二大纲领中，"民主"与"中华民族的完全独立，统一中国"是紧密关联的，这也表明中国共产党在创立时期的民主观，旨在通过启发中华民族的一体感，凝聚共同意志，以反对帝国主义压迫和重建国家。因此，民主在这一时期，不是以权利为本位的，而是以中华民族的共同利益为本位。这又鲜明体现在中国共产党对政体即民主集中制的理解中，民主与集中、统一并不矛盾，相反，民主是凝聚共同意志必不可少的步骤。刘少奇同志在论述党内民主时曾指出："党内民主的实质，就是要发扬党员的自动性与积极性，提高党员对党的事业的责任心，发动党员或党员的代表在党章规定的范围内尽量发表意见，以积极参加党对于人民事业的领导工作，并以此来巩固党的纪律和统一。只有认真地扩大党内民主，才能巩固党内的自觉的纪律，才能建立与巩固党内的集中制，才能使领导机关的领导工作臻于正确。"① 中国共产党对民主的积极态度，最著名的例子就是 1945 年 7 月毛泽东同志与黄炎培先生的对话。毛泽东同志在回答黄炎培先生所提出的"其兴也勃焉""其亡也忽焉"的"历史周期率"问题时，提出中国共产党已经找到新路，那就是民主，它使中国共产党能跳出周期率。

大一统在现代中国的关键表现，就是中国共产党的领导作用和领导地位。《宪法》规定："中国共产党领导是中国特色社会主义最本质的特征"。在长期的革命和建设实践中，中国共产党通过"三三制""三大民主""党内民主""协商民主""基层民主"等制度设计和机制创新，成功团结引领中国人民共同推进革命和建设事业，不仅实现了国家的初步统一，中国特色社会主义也取得长足进展，国家再次进入伟大复兴进程。现代中国经历了以中国共产党为领导力量重建政统的过程，中国共产党是工人阶级的先锋队，也是中华民族的先锋队，其组织体系融入中国社会的方方面面，发挥了凝聚中华民族的作用，有力消解了全球化对中国的拉力和帝国主义对中国的分化。

国家建设仍离不开共同意志。中国式现代化是一个曾经的边缘国家的现代化，更需要有集中统一的意志才能达成国家整体目标，这在革命战争年代是重建大一统；进入社会主义革命和建设时期后，进一

---

① 《刘少奇选集》上卷，人民出版社 1981 年版，第 365 页。

步完善大一统，仍倍显重要，特别是以大一统加强国家能力。因为在中华人民共和国成立后，全球性的中心—边缘格局并没有完全消失，新中国的制度建设必须一方面能够回应帝国主义和压迫性国际体系继续给中国施加的压力，另一方面还要能够形成足够强大的政治意志，这样才能协调国内外各种关系，在推进经济社会发展的同时，平衡各种利益矛盾。中国在进入社会主义革命和建设时期后，所在处境与遇到的问题仍然与中心国家不同，必须有很强的国家能力对国家发展进行整体规划和宏观调节，从而形成发展主动权，规避自身发展和现代化进程被外界左右的影响，让现代化建设成果更多更公平惠及全体人民。在此阶段的民主追求，也须无碍甚至有助于国家自主性和国家能力的提升。

没有国家自主性和足够强大的国家能力，就不可能实现主动规划自身发展，从而很难真正实现发展；民主追求如果不能与国家自主性、国家能力的提升相结合，不仅国家发展难以达成，也难以为民众权利的普及提升作出良好保障。这在 20 世纪下半叶以来的历史进程中，已有很多相关例证可以说明。在最近几十年来的全球化浪潮中，大多数发展中国家并没有获得良好发展，很多国家被全球化内化的力量所牵制，丧失了国家发展主动权，不仅无法实现欲求的发展，也无法推进现代化成果的共同分享。少数国家如韩国、新加坡、以色列等，取得了令人瞩目的发展成就，但这些国家推动发展的动力机制，有的是外部性的，比如韩国、以色列，美国因素发挥了很大作用；有的并不是在选举民主机制下发生的，比如韩国经济发展和现代化起步阶段恰恰是在军人执政时代。这在一定程度上说明后发国家的发展，国家的中心作用非常重要，民主不能以损害国家性和国家能力为代价，相反，要有助于促进国家内部的政治共识和共同意志。

与自由主义民主不同，中国特色社会主义民主更加重视政治整合，表现在用人民逻辑取代个体逻辑，用合作共享逻辑取代冲突竞争逻辑，用政党引领逻辑取代选举驱动逻辑。[①] 中国式现代化是在中心—边缘格局中展开的现代化，它既包含了民主，要发挥人民的主体性、积极性；也包含了集中，即要形成共同意志，实现国家集中统一规划与地方能动性、人民主动性的结合，因此，在中国式现代化的展开中，民主观念、民主制度的建构以及民主权利的扩张，要以是否有助于中国式现代化的推进作为检验民主成效的重要标准。

民主的内在规定性：社会主义

中国式现代化的政治起点是新的人民观，人民成为目的，其在政治制度上的体现，就是社会主义。只有社会主义才能更好服务于人民的需求和利益。《宪法》规定，"社会主义制度是中华人民共和国的根本制度"，这表明"社会主义"是中国式现代化的目标，也是"新国家"的新道统的核心内容，由此也决定了"新文化""新政治""新经济"的性质。政统派生于道统。以民主致社会主义与以民主致大一统，共同构成中国式现代化中的民主观的两个关键方面，分别对

---

① 参见艾昆鹏：《政治整合：中国特色社会主义民主的理论逻辑及实践优势》，《河南师范大学学报（哲学社会科学版）》2021年第6期。

应现代中国国家重建的两大问题："打倒帝国主义"和"节制资本"，前者重在重构内外关系，后者重在重构内部关系，对这两种关系的处理，都密切涉及"新国家"必须是人民的国家这个根本政治问题。现代中国是背负着19世纪以来的"中国问题"而重建国家、展开制度建设的，这个"中国问题"的主要方面，就是清朝中国是在被迫卷入当时英国和欧洲主导的全球化进程中分崩离析的，随全球化而来的帝国主义，既带来了国际关系层面的不平等权力结构，也严重损害了中国社会的内部关联性。在中华人民共和国成立后，全球性的中心—边缘格局并没有完全消失，中华人民共和国的制度建设，必须一方面能够回应帝国主义和压迫性国际体系继续给中国施加的压力；另一方面，又要能够兑现对人民的承诺，使新国家在政治、经济、文化等各方面真正体现人民性，尤其是管理资本与政治的关系，实现经济平等。

社会主义民主有别于选举民主。如何在日常政治层面体现人民的民主权利和以民主保障人民的各种权利，这又要以一定的政体选择予以落实。《宪法》规定：人民行使国家权力的机关是全国人民代表大会和地方各级人民代表大会；人民依照法律规定，通过各种途径和形式，管理国家事务，管理经济和文化事业，管理社会事务；中华人民共和国的国家机构实行民主集中制的原则。这确定了人民代表大会制度的政体，民主集中制既是中国共产党、也是国家的组织原则和领导制度。以人民代表大会制度为基本制度，选举民主、协商民主、基层民主等多种民主形式同时运用于中国的政治实践，共同构成了社会主义民主在中国的展现形态，也是人民当家作主的制度保障。

与二战后西方国家流行的选举民主不同，中国特色社会主义民主是中国共产党领导下的民主，党的领导是中国特色社会主义的本质特征，因此也是社会主义民主的本质特征，有民主有集中，在民主的基础上集中，并综合运用多种民主形式，是其特点所在。党的领导、社会主义与人民民主，在中国式现代化的民主观念和民主实践中，是三位一体、紧密关联的。人民民主必须以社会主义经济为基础，应避免民主沦为各种利益集团获取政治领导权、形成少数阶层利益分赃的工具；同时，社会主义国家的治理体系必须充分体现人民民主，如此才能避免形成脱离人民群众的官僚利益集团。[1] "国家的社会主义化从根本上保证国家的民主化，同时，国家的社会主义化也要求国家的进一步民主化"[2]，这两个方面又都需要在党的领导下才能实现，这意味着社会主义民主既是有特定目的性的民主，也是有规范的民主。

不恰当的民主形式不仅不能增进民生福祉，也会败坏民主本身。近年来，一些西方国家面临的治理危机和民主衰败，其主要表现为如下三方面。一是消耗性国家。在过去几百年来的工业化时代，西方国家曾经长期以善于创造财富而为世所称道，但自进入 20 世纪后期以来，在这些国家，人们更多看到的却是对财富的消耗。从创业型国家转变为消耗性国家，与民主、福利制度等的进展是同步发生的，后

---

① 参见陈晓斌：《社会主义与人民民主的"双重互构"逻辑——毛泽东"民主新路"探索及其新时代启示》，《现代哲学》2019 年第 1 期。

② 逄先知、金冲及主编：《毛泽东传（1949—1976）》（上卷），中央文献出版社 2003 年版，第323 页。

者一度使人看到了"民主的终结"。但当混乱现象在一些民主化程度较高的国家日益增多时，人们也需要反思一个新的问题：民主机制和福利制度是否也应当有其适用限度，当这个限度被不断突破时，在一个时段看起来美好的制度，在下一个时段就可能异化为祸乱之源。自20世纪70年代后期以来，在经济自由主义意识形态的影响下，原先在国家意志与资本意志间的均衡在西方国家内部再次被逐渐打破，在资本驾驭起政治时，国家频繁以减税、放松管制等方式来给资本让利，各种政策选项都是为资本扩张让路。这不仅使国家的财政基础受到损害，也使社会不公平程度显著加剧，当多数民众的获得感减弱时，其不满情绪也已表现在政治层面，这在美国鲜明表现为政党（政治）极化。二是无规划政府。在越来越发达的民主机制下，执政者必须面对不断变幻的民众意愿经常调整政策，同时，由于频繁的政党轮换使政府欠缺稳定性，对国家发展作长远规划的政府机制已很难形成，国家处理长期性问题和挑战的能力严重下降。三是选举型政客。在轮流执政的竞选性选举机制下，政治参与者的政治素养也会趋于平庸化，相比真正有德有能者，只问选举成效不管国家长远未来的政客，更容易上位。选举机制难以选出真正能堪大用之人，近些年西方国家走上台前、不断更替的政客，多对现实挑战应对无方，为政者的平庸化一览无余。①

以选举民主为主要表现的民主制度安排之所以出现严重问题，就在于其在演进中已被资本力量所俘获，冲击了政治大一统，民主制度

① 参见程亚文：《重申道统：民族国家的限度》，《学术界》2019年第3期。

已丧失人民性，不仅政治过程被少数人操控，政治安排也不再以多数人的意愿和诉求为归宿。在民主沦为"金钱民主"的情况下，选举民主已无法体现民主的实质内涵，同时，民主制度也不再能够服务于大多数人的幸福，国家发展的成果不能为全体人民所共享。这说明要使民主真正体现人民意志和增进民生福祉，必须要有能够驾驭民主进程的其他制度安排。民主集中制就是这样一种制度，它使中国的社会主义民主能够保持应有的方向感，不偏离民主制度建构时的初心，能够始终坚持"以人民为中心"，为最大多数人的利益而谋；也使中国的社会主义民主在包含了选举、发挥其功用的同时，又不为选举民主所困，让民主体现在实质而非流于形式。

毛泽东同志和中国共产党的"新国家"构想，是为人民而建、又依靠人民而建。民主不能仅仅是目的，也是手段。中国选择以社会主义制度来体现人民的意志和意愿，民主内在于社会主义，反映社会主义的价值观。因此，中国的民主观，是社会主义前提下的民主观，既要通过民主制度体现人民是国家的主人，又要通过选择恰当的民主形式，防止变成少数人操纵多数人的统治，以使中国式现代化建设成果更多更公平惠及全体人民。

在现代化建设中拓展民主。中国式现代化一直处于发展中，百余年来，已经历新民主主义革命时期、社会主义革命和建设时期、改革开放和社会主义现代化建设新时期、中国特色社会主义新时代，相应地，中国对民主的认识与实践和社会主义民主的呈现样态，也在不断丰富发展。早在 20 世纪 30 年代，毛泽东同志就指出："历史给予我们的革命任务，中心的本质的东西是争取民主。"① 党的十一届三中全会后，邓小平同志提出："没有民主就没有社会主义，就没有社会主义的现代化。"② 1991 年 10 月，江泽民同志在接受美国《华盛顿时报》原主编博奇格雷夫采访时指出，"民主、自由和人权的一个根本问题，是人在社会上的生存权和发展权，也就是人能否真正掌握自己命运的权利……在一个国家里，实现民主、自由和人权的根本途径是社会的进步、稳定和经济的发展。"③ 江泽民同志在党的十六大报告中指出："党内民主是党的生命，对人民民主具有重要的示范和带动作用。"④ 胡锦涛同志在党的十七大报告中强调："人民民主是社会主义的生命。发展社会主义民主政治是我们党始终不渝的奋斗目标。"⑤ 中国特色社会主义进入新时代以来，习近平总书记多次强调要"以人民为中心"，进一步指出："在中国社会主义制度下，有事好商量，众人的事情由众人商量，找到全社会意愿和要求的最大公约数，是人民民主的真谛""民主不是装饰品，不是用来做摆设的，而是要用来解决人民要解决的问题的"。⑥

在中国式现代化发展至今的四个阶段，中国的基本处境在某些方

① 《毛泽东选集》第一卷，人民出版社 1991 年版，第 274 页。
② 《邓小平文选》第二卷，人民出版社 1994 年版，第 168 页。
③ 《江泽民论有中国特色社会主义（专题摘编）》，中央文献出版社 2002 年版，第 322 页。
④ 中共中央文献研究室编：《十六大以来重要文献选编》（上），中央文献出版社 2005 年版，第 39 页。
⑤ 中共中央文献研究室编：《十七大以来重要文献选编》（上），中央文献出版社 2009 年版，第 22 页。
⑥ 习近平：《在庆祝中国人民政治协商会议成立 65 周年大会上的讲话》，人民出版社 2014 年版，第 13、18 页。

面具有相似性，全球性的中心—边缘格局制约了中国的发展和选择，因此社会主义民主建设要以有利于维护大一统才具有正当性；同时，随着现代化建设的发展，现代化建设成果的丰富，保障人民民主权利和福利需求的资源也不断增多，这使得在不同阶段民主制度的具体运用和民主建设的具体目标也会有所不同。彭冲、王炳权指出，人民民主话语是中国共产党为实现和维护人民当家作主而使用的一系列话语叙事，体现为目标与策略、价值与实践的统一，它的内在演变源于不同历史时期不同的社会主要矛盾和历史任务。新民主主义革命时期，人民民主话语目标指向建立人民当家作主的国家，策略指向发挥人民民主的动员功能、动态调整革命依靠的力量；社会主义革命和建设时期，人民民主话语目标指向巩固新政权、建设社会主义国家，策略指向确立人民代表大会制度、推进社会主义民主；改革开放和社会主义现代化建设新时期，人民民主话语目标指向继续围绕建设社会主义国家展开，策略指向坚持民主与集中、民主与法治的统一，探索中国式民主；中国特色社会主义新时代，人民民主话语目标指向推进国家治理现代化，策略指向发扬社会主义协商民主、走好线上线下群众路线、推进全过程人民民主。[①] 新民主主义革命时期的民主建设，主要是为凝聚共同意志，中华人民共和国成立后仍在相当程度上延续了这一点，1954 年宪法对社会主义民主的实质还存在模糊认识，更多关照国家权力，此时的民主有着很强的手段性。改革开放以来，随着中国式现代化的不断推进，民主建设越来越多地聚焦于公民权利保障。

[①]　参见彭冲、王炳权：《百年来中国共产党人民民主话语结构的流变》，《探索》2022 年第 2 期。

1982年宪法继承了1954年宪法建构的三大制度载体，同时增加了基层民主制度，将其作为社会主义民主的突破口重点推进；还将"保护公民的基本权利和义务"置于"国家机构"之前，强调权利与义务的对等性、强调对弱势群体权利要特别关照，以及经济权利的优先性，这更加凸显国家一切权力属于人民，国家机构的存在意义是体现人民意志、保护公民权利。"从1954年宪法到1982年宪法，对于民主的认识经历了工具理性到价值理性，由单一的制度向价值、制度与实践的多维度复合整体转变"①。社会主义民主的人民性，很大程度体现在人民的内部协商上，协商民主的观念和形式也得到了丰富发展。以毛泽东同志为主要代表的中国共产党人倡导通过以多党合作与政治协商的方式进行"协商建国"，并将其诉诸实践，从而形成了独具特色的协商民主思想。改革开放以来，党的中央领导集体不断推动协商民主从国家政治层面向公民社会层面拓展，更加有利于人民实现当家作主和满足公民福利需求。② 中国特色社会主义进入新时代以来，我们党推进国家治理体系和治理能力现代化；在此基础上，党的二十大报告把发展全过程人民民主确定为中国式现代化本质要求的一项重要内容。民主建设成为国家治理体系与治理能力现代化的重要组成部分，这是社会主义民主的自然演进，也是在新的历史条件下，中国共产党兑现对人民的承诺的最新表现。

---

① 王群：《中国特色社会主义民主观演变——基于"五四"宪法与"八二"宪法之比较》，《中共山西省直机关党校学报》2017年第3期。

② 参见杨弘、张等文：《中国共产党协商民主观的历史嬗变与新拓展》，《东北师范大学学报（哲学社会科学版）》2011年第2期。

结语

中国式现代化中的民主观，前置了中国式现代化的问题意识、追求目标和实现路径，是清朝崩溃后中国重新选择政治义理、重建道统和政统的重要组成。在 19 世纪以来的"全球转型"及中心—边缘格局下，作为边缘国家的中国，一度沦为中心国家的半殖民地，帝国主义和中华民族的矛盾、传统生产关系和人民大众的矛盾成为两大主要矛盾，它又决定了近代以来中华民族面临两大历史任务：一是求得民族独立和人民解放；二是实现国家的繁荣富强和人民的共同富裕。这两大任务都包含在毛泽东同志的"新国家"构想中。中国的民主追求作为"新政治"的一部分，需要呼应时代性的政治主题之变，服从和服务于这两大任务的完成。"打倒帝国主义"和"节制资本"是建立新政治、新经济、新文化的前提，也是民主的前提。中国式现代化内置了摆脱中心—边缘格局羁绊的政治任务，"自由""独立""自主"成为关键性的目标追求，中国式现代化中的民主观自然也要以有助于实现政治自主为第一要务，而这又要以建构统摄性的权威或重建大一统为旨归。

在以"人民"叙事重构中华民族的共同体意识的过程中，中国对社会主义民主的义理选择，既以人民为目的，又以人民为依靠，无论在中国式现代化的何种阶段，中国对民主的追求，都紧密围绕大一统国家的重建和巩固、社会主义制度的建立和完善，后者也为民主在内涵和形式上的扩展提供了基础。在扩展民主中保障人民共识达成、国家能力提升、政治意志贯通和人民福利增长，是中国式现代化中的民主追求，以及与其他形式的民主的一个重要区别，中国为此作出了大量努力，也取得了巨大成功，其宝贵经验值得进一步总结，以更好有利于中国式现代化的美好前景，也将使民主制度建设更好服务于中华民族的伟大复兴。

参 考 文 献

习近平：《高举中国特色社会主义伟大旗帜 为全面建设社会主义现代化国家而团结奋斗——在中国共产党第二十次全国代表大会上的报告》，人民出版社 2022 年版。

习近平：《在庆祝中国人民政治协商会议成立 65 周年大会上的讲话》，人民出版社 2014 年版。

《毛泽东选集》第一卷，人民出版社 1991 年版。

《毛泽东选集》第二卷，人民出版社 1991 年版。

《毛泽东选集》第三卷，人民出版社 1991 年版。

《毛泽东选集》第四卷，人民出版社 1991 年版。

《毛泽东文集》第二卷，人民出版社 1993 年版。

《毛泽东文集》第三卷，人民出版社 1991 年版。

《毛泽东文集》第五卷，人民出版社 1996 年版。

《邓小平文选》第二卷，人民出版社 1994 年版。

《江泽民论有中国特色社会主义（专题摘编）》，中央文献出版社 2002 年版。

《刘少奇选集》（上卷），人民出版社 1981 年版。

中共中央文献研究室、中央档案馆编：《建党以来重要文献选编（1921—1949）》第二十四册，中央文献出版社 2011 年版。

中共中央文献研究室、中央档案馆编：《建党以来重要文献选编（1921—1949）》第二十五册，中央文献出版社 2011 年版。

中共中央文献研究室编：《十六大以来重要文献选编》（上），中央文献出版社 2005 年版。

中共中央文献研究室编：《十七大以来重要文献选编》（上），中央文献出版社 2009 年版。

逄先知、金冲及主编：《毛泽东传（1949—1976）》（上卷），中央文献出版社 2003 年版。

《论语·学而》。

熊月之：《中国近代民主思想史》，上海人民出版社 1986 年版。

李世涛主编：《知识分子立场——激进与保守之间的动荡》，时代文艺出版社 2002 年版。

刘小枫：《现代人及其敌人——公法学家施米特引论》，华夏出版社 2009 年版。

蒋庆：《政治儒学》，福建教育出版社 2014 年版。

章永乐：《万国竞争——康有为与维也纳体系的衰变》，商务印书馆 2017 年版。

罗志田：《中国的近代：大国的历史转身》，商务印书馆 2019 年版。

罗志田：《走向世界的近代中国——近代国人世界观的思想谱系》，《文化纵横》2010 年第 3 期。

杨弘、张等文：《中国共产党协商民主观的历史嬗变与新拓展》，《东北师范大学学报（哲学社会科学版）》2011 年第 2 期。

林尚立：《大一统与共和：中国现代政治的缘起》，《复旦政治学评论》2016 年第 1 期。

王群：《中国特色社会主义民主观演变——基于"五四"宪法与"八二"宪法之比较》，《中共山西省直机关党校学报》2017 年第 3 期。

陈晓斌：《社会主义与人民民主的"双重互构"逻辑——毛泽东"民主新路"探索及其新时代启示》，《现代哲学》2019 年第 1 期。

程亚文：《重申道统：民族国家的限度》，《学术界》2019 年第 3 期。

程亚文：《现代中国政治主题的重构与道统重建》，《文化纵横》2021 年第 3 期。

程亚文：《理解时代特征的范式性变革》，《人民论坛·学术前沿》2021

年8月上。

艾昆鹏：《政治整合：中国特色社会主义民主的理论逻辑及实践优势》，《河南师范大学学报（哲学社会科学版）》2021年第6期。

彭冲、王炳权：《百年来中国共产党人民民主话语结构的流变》，《探索》2022年第2期。

强世功：《全球化与世界帝国》，《读书》2023年第3期。

［英］卡尔·波兰尼：《巨变：当代政治与经济的起源》，黄树民译，社会科学文献出版社2013年版。

［美］塞缪尔·P.亨廷顿：《变化社会中的政治秩序》，王冠华等译，上海人民出版社2021年版。

［美］保罗·卡恩：《政治神学——新主权概念四论》，李强编，郑琪译，译林出版社2015年版。

［德］卡尔·冯·克劳塞维茨：《战争论》第三卷，解放军出版社2012年版。

［德］卡尔·施米特：《政治的概念》，刘宗坤译，上海人民出版社2018年版。

［意］乔万尼·阿里吉：《漫长的20世纪——金钱、权力与我们时代的起源》，姚乃强等译，社会科学文献出版社2022年版。

中国式现代国家的形态特征
及其理论意涵

姚中秋[*]

引言

今日中国已是一个成熟而完备的现代国家：就政治而言，国家权力对疆域内相互平等的国民实现了有效的直接治理；就经济而言，基本实现工业化；就社会形态而言，基本完成城市化，初步形成与之相应的治理机制、社会结构、生活形态。

因此，中国式现代国家已经定型。与其他现代国家相比，它至少有两个醒目特征：第一，在价值、结构、运转机制等各方面，与中国传统国家的形态高度相通，古代内在于现代之中；第二，与欧美各国的现代国家之间存在重大形态差异，事实上两者在政治上始终存在分歧、紧张甚至冲突，且随着中国式现代国家的形态日益成熟而趋于公

---

* 姚中秋，中国人民大学国际关系学院教授、历史政治学研究中心主任。

开和激烈，中美关系之剧烈变化即是其表征。

长期以来，西方各界普遍拒绝承认当代中国国家形态之现代性质，要求其"转型（transformation）"，即转向西方的国家形态——这被西方视为现代国家形态之正统，不合此标准者则是前现代的，没有世界历史正当性。在很长时间内，这种认识、主张也一度为国内各界普遍接受，人文社会科学的整体研究取向受其支配，社会政治实践也一度受其深刻影响。直到新时代逐渐形成文化自信、道路自信之后，这种认识、主张才逐渐消退。

可见，是否承认当代中国已是成熟的现代国家，不只是一个关乎中国思想学术研究基本议程设置的根本理论问题，也是一个关乎国家正当性（legitimacy）的重大政治问题。本文拟运用历史政治学方法，探讨中国式现代国家之形成机制，揭示其两个基本形态特征，即古今的连续性、与西方的结构性差异，据此阐明基于中国事实超越西方既有理论、发展新的现代化和现代国家理论之若干基础性命题。

不平等的世界体系与中国式现代国家之革命性

中国式现代国家是在两百年来世界范围内现代国家构建浪潮中建立起来的，故须从世界层面上对其进行研究。但这个世界不是平等的，《中华人民共和国宪法》序言第二段已清楚指出中国式现代国家形成之历史与世界脉络："一八四〇年以后，封建的中国逐渐变成半殖民地、半封建的国家。中国人民为国家独立、民族解放和民主自由进行了前仆后继的英勇奋斗。"中国式现代国家是通过反抗性革命建立起来的，在价值、形态、制度、机制等各方面必然不同于作为压迫主体的西方式现代国家。

1500 年以后，在经济、宗教、政治等因素共同作用下，位于大西洋沿岸的西欧各国陆续派遣贸易远征队寻找海外财富，其最大收获是进入并征服了文明发展水平严重落后的美洲，建立"大西洋世界体系"。现代资本主义从中发育成长，西方式现代国家由此形成，这些因素又使得工业革命的条件在英国逐渐成熟。工业革命是人类历史上生产方式的一次革命性突破，英国由此获得了相对于其他国家的军事、技术和产业优势，于是展开全球范围的征服和控制，建立了覆盖全球的资本主义—帝国主义世界体系。其他西方国家在英国的压力下陆续启动、完成工业化，加入支配者行列，尤其是美国在两次世界大战之后取代英国成为支配性世界体系的霸主。①

农业的中国败于工业化的英国，逐渐沦为半殖民地。国家的接连败退清楚证明了儒家政教之全面失灵，士人群体为救亡图存，转向西方寻找出路。英国建立世界霸权之后，其知识界逐步生产出自由主义意识形态体系，并以现代媒介向外传播，于是，严复系统地翻译介绍了英国自由主义的代表著作；美国在一战后逐渐取代英国的霸主地位，于是以胡适等为代表的中国精英又系统接受了美式自由主义意识形态。观念作用于现实，晚清、民国时期各领域的变革试图模仿西方，通过自由主义—资本主义发展道路实现富强。

---

① 参见姚中秋：《现代世界政治体系理论：基于对列宁帝国主义、殖民地理论的重述》，《社会科学》2022 年第 6 期。

最终这个希望落空了。西方构建的世界体系确把所有民族、国家纳入其中，但列宁准确地指出帝国主义时代"基本的、最本质的和必然的现象"是"民族分为压迫民族和被压迫民族"①。西方通过帝国主义机制进行世界范围的资本主义剥削，在国内维持光鲜亮丽的现代文明，自由主义就是这种特权性文明的观念反映，甚至是西方进行帝国主义支配的观念工具。殖民地民族、半殖民地国家走自由主义—资本主义道路，只能加深被支配的困境。

工业革命也催生了另一种现代思想体系，即马克思主义，从中发展出列宁主义。马克思、恩格斯全面剖析了资本主义的剥削机制。列宁在两个方面创造性发展了马克思主义，首先是创建先锋队政党，作为"组织的武器"；其次是提出帝国主义和民族、殖民地理论，唤醒殖民地、半殖民地人民反抗帝国主义的政治自觉，为其指明社会主义的方向。中国共产党沿着马克思列宁主义指引的道路进行革命、建设、改革，中国式现代国家也就有了如下构成性要素。

第一，中国共产党是建立现代国家之能动主体，全面塑造了中国式现代国家的全部形态特征。儒家士人—士大夫群体于 20 世纪初开始解体，代之而兴起的思想政治主体却一盘散沙：军阀以武力谋私利，政客没有公共精神，土豪劣绅控制基层，全面接受外部知识的新兴知识分子与人民基本脱节，都不具备推进现代化、建立现代国家之意志和能力。中国共产党是一个高度组织化的马克思主义先锋队政

---

① 《列宁选集》第 2 卷，人民出版社 2012 年版，第 565 页。

党，即先进性—领导型政党。① 它具有高度的组织性、纪律性，建立了集中统一的政治组织机制，从而满足了重新实现国家整合、集中一切力量推进现代化的历史需求。更为重要的是中国共产党具有先进性，即掌握先进的马克思主义理论，据此断然放弃自由主义—资本主义道路，走上通过民族民主革命建国，进而通过社会主义推进现代化的道路。

第二，中国共产党通过双重革命建立现代国家，革命性内在于中国式现代国家之中。晚清所谓"三千年未有之大变局"之实质是，西方列强把中国纳入绝对不平等的世界体系，通过控制关税、政治、金融、意识形态等领域，剥夺了中国实现自主发展的权利和能力。因此，帝国主义的控制、压迫是推进现代化、实现文明复兴的最大障碍。中国共产党通过马克思列宁主义认识到这一点，首先进行了彻底的反帝民族革命。同时，由于资本主义—帝国主义世界体系"归化"了国内各种权力主体：买办资产阶级享有特权，军阀分别依附于不同列强，在城地主成为世界资本主义剥削的末梢，知识生产依附于美国，所以要推进自主的现代化，就必须摧毁或改造这些组织、力量和观念，因此，中国共产党同时进行了广泛的社会革命。双重革命并行，使得中国经历了世界现代史上最为彻底的革命，革命精神也就内在于中国式现代国家之中，并在不同历史阶段有着不同表现形态，中华人民共和国成立之后其转化为强烈的自主发展意志与实践，猛烈冲

---

① 参见姚中秋：《中国何以创造出人类文明新形态——基于新的政党类型学的内在解释》，《学术月刊》2022 年第 10 期。

击了资本主义—帝国主义世界体系，双方展开长期的斗争，中国式现代国家也就继续保持了自觉的革命性。

第三，中国以社会主义制度推进现代化，中国式现代国家是发展型社会主义国家。近代中国被纳入资本主义世界体系后，丧失了发展自主权，并经历了"去工业化"，即高度发达的传统手工业体系崩溃，沦为西方的原料生产地与工业品倾销地；沿海口岸的局部现代化也主要服务于资本主义—帝国主义的控制、剥削，这是典型的"外围化资本主义"形态，循此不可能实现现代化。中国共产党建立了社会主义制度，与资本主义世界体系进行了一次全面、彻底的"脱钩"，从而构建了发展自主权；[①] 社会革命消灭了各种资源耗散环节，政党国家得以动员一切资源，普遍平等也有极大政治激励作用。所有这些因素都有利于以工业化为中心的现代化建设。在世界社会主义谱系中，这是一种"发展型社会主义"。[②]

第四，社会主义现代化是以工业化为中心的，中国式现代国家有坚实物质基础。英国等西方列强是凭借其工业化力量打败中国的，然而，自由主义意识形态与西方主流社会科学却很少讨论西方兴起的这一关键环节。受其误导，晚清、民国时期知识分子忙于推进民主化或进行观念启蒙。历史唯物主义揭示了历史发展的根本动力是生产力的革命性变革，据此，中国共产党在中华人民共和国成立后立刻把工作重心转移到工业化上，集中稀缺资源建立重工业体系，从而有效地维

<hr>

① 参见姚中秋：《中国与世界体系的两轮脱钩——重新挂钩：以自主发展为中心》，《世界政治研究》2021 年第 2 期。
② 参见姚中秋：《发展型社会主义：中国式现代化的道路与世界社会主义的方向》，《文化纵横》2023 年第 2 期。

护了国家的政治独立。改革开放以来，我国又大力发展其他工业部门，最终建立了世界上最为完整的工业体系，中国式现代国家由此拥有了坚不可摧的物质基础。

很显然，在形成方式、价值、制度等各方面，中国式现代国家截然不同于西方式现代国家：后者形成于对外征服、殖民过程之中；在完成工业化之后，又构建并竭力维护全球性支配体系，进行世界规模的剥削；由此获得的"横财"支撑了其所谓文明的、现代的政治制度和生活方式，包括竞争性民主。① 中国却被其置于世界体系的边缘位置，长期遭受压迫和剥削。中国共产党团结带领中国人民通过反抗这个体系建立了现代国家，中华人民共和国成立后为了保有国家政治独立与发展自主权，持续抵制体系化的遏制或外围化压力。一方是压迫、剥削的政治逻辑，另一方是革命、自主的逻辑，必然造就两种完全不同的现代政治和国家形态：一个是帝国主义的现代国家，另一个是反抗者的现代国家，两者不仅大不相同，事实上在很多方面是相反相对的，现实中也确实持续进行着全方位竞争、博弈甚至斗争，只不过在不同时期有显、隐之别。当然，中国式现代国家也不同于日本、韩国等极少数非西方的现代国家，后者没有经历过全面的革命，在各方面都是西方的依附者，其国家形态也只是简单模仿西方模式而已。

进一步比较而言，中国式现代国家形成较晚，反而更为现代，仅从一个角度看：直接统治被视为现代国家的结构性特征，而中国在这个维度的水平最高，因为中国共产党领导的双重革命消灭了

① 参见姚中秋：《西式民主的帝国主义基础：对恩格斯列宁命题的验证和发展》，《江苏社会科学》2022 年第 4 期。

各种居间性权力和组织。同时，从世界历史发展的角度看，中国式现代国家更为先进，因为其不是通过对外征服，而是通过反抗不公正的世界秩序建立的，在价值上更为先进；因为其通过社会革命实现了国民高水平的平等，在政治上更为先进；因为其走社会主义道路，避免了资本主义的严重弊端，在经济上更为先进，等等。

可见，惟有通过世界体系理论，我们才能理解中国式现代国家的形成机理，并确认其世界历史正当性乃至优越性。与此同时，中国式现代国家又有十分浓厚的传统性，其与中国传统国家（古代中国）之间存在着明显的历史连续性。

历史的力量：中国式现代国家与传统国家的连续性

中国式现代国家的第二个形态特征是，传统国家形态内在于中国式现代国家之中。西方现代化理论和现代国家理论普遍断定，古今之间，截然有别。在中国，古今国家形态之所以高度相容，并有明确的继承关系，乃是因为，秦汉以来的传统国家形态就有相当程度的现代性。

我们是基于西方现代国家理论作出这一判断的。"现代国家的主要特征如下：拥有一种可以通过立法进行变革的行政与法律秩序，行政班子的组织活动——同样受规范的制约——则以该秩序为取向。这个秩序不仅要求对国家的成员——公民，即由于出生于此而获得成员资格的绝大多数成员，而且在很大程度上也要求对她管辖权所及区域内发生的一切行动行使具有约束力的权威。"① 在马克斯·韦伯的论述中，现代国家的构成性要素是理性化官僚制。查尔斯·蒂利进一步阐明官僚制之结构前提：主权对人民的普遍直接统治。② 基于这样的定义，弗朗西斯·福山在其历史社会学研究中明确断定，秦朝建立了世界上最早的现代国家，③ 笔者对此也有系统论述。实际上，战国时代各国就已初步打破封建的多中心权力的间接统治格局，实现了王权通过科层化的郡、县官僚对国民之直接统治，秦朝将其普遍实施于超大规模疆域。④ 参考经济史研究中的"原工业化（proto-industrializa-tion）"一词，可将这个时期的国家称为"原现代国家（proto-modern state）"。

细究起来，这个原现代国家还有进一步的发展：汉武帝以尊五经为中心，进行了一系列文化、政治变革，最终形成了"大一统"的皇权士大夫郡县制国家形态。这一国家形态具有"超稳定性"，此后两千年间经历无数内外冲击而得以重建、扩展，盖因其有效满足了管理超大规模农业社会的需要。横向比较可见，这一国家形态的治理绩效优于同时期欧亚大陆中、西部迭次兴起之主要政治体，我们可以说，秦汉中国构建了一个"超级原现代国家"。

---

① ［德］马克斯·韦伯：《经济与社会》第一卷，阎克文译，上海人民出版社2010年版，第148页。

② 参见［美］查尔斯·蒂利：《强制、资本和欧洲国家（公元990—1992年）》，魏洪钟译，上海人民出版社2012年版，第124—129页。

③ 参见［美］弗朗西斯·福山：《政治秩序的起源：从前人类时代到法国大革命》，毛俊杰译，广西师范大学出版社2012年版。

④ 参见姚中秋：《可大可久：中国政治文明史》，华龄出版社2021年版，第197—267页。

　　这个超级原现代国家具有相当强大的政治自主性和组织动员能力，因而到了近代，面对西方工业化帝国主义列强，清朝仍有一定的抗衡和应变能力。到20世纪初，传统政教体制固然瓦解了，但这个原现代国家历史地积累形成之疆域、制度、国民政治共识等要素，仍构成新兴政治力量赖以重建现代国家之基础与牵引性、规范性力量，中国共产党定型之现代国家也确实与之保持了明显的历史连续性，传统得以内在于现代。

　　对于此中机理，学界已有所讨论，孔飞力指认出若干历史地形成的"根本性议程"，精英群体循此对外部冲击作出反应，现代国家的形成也就具有内生性。[①] 我们还想补充一个更为重要的机制：中国是作为一个文明高度发达的历史性国家在世界体系中遭遇失败的，因而现代中国人最深层之共同意志是民族复兴、文明复兴，从精英到普通民众莫不如是。中国共产党通过马克思主义清醒地认识到，帝国主义是中国苦难之根源，也就具有更为坚定的民族复兴意志，而抗日战争的契机使之得以完整呈现。中国共产党自觉地把革命和建立中华人民共和国事业置于中国文明历史脉络之中，积极推动马克思主义中国化，自觉地接续传统——这一政治决断清楚体现在毛泽东同志1938年关于马克思主义中国化的经典表述中[②]。传统是具体的，其中的关键性因素以各种方式铺就了现代政治的"轨道"。比如，两千多年的直接统治和文教塑造了人民高水平的国家认同与"大一统"意识，

---

　　① 参见孔飞力：《中国现代国家的起源》，陈兼、陈之宏译，生活·读书·新知三联书店2013年版。

　　② 参见中共中央文献研究室、中央档案馆编：《建党以来重要文献选编（1921—1949）》第十五册，中央文献出版社2011年版，第651页。

于是在遭遇帝国主义入侵、国家日趋离散化之时，各阶层普遍而深沉的政治期待是重建强政府、恢复"大一统"。漫长的历史也塑造了人民对道德性政治、民本性政治的普遍期待。这就是"人心所向"。历史、文明塑造的人心构成现代政治演变之底层逻辑，凡是不能有效作出回应的思想和政治力量次第遭到无情淘汰。中国共产党顺乎人心而行，其革命、建立中华人民共和国、建设中华人民共和国的努力也就具有明显的"传统化"趋势，默认、认可、重构甚至强化了众多传统价值和制度，由此形成的现代国家与古代国家在几乎所有重要方面都有明显连续性，比较重要者有如下几个维度。

第一，就国家精神而言，人本主义贯穿古今。人本是与神本相对而言的。在中华文明发展史上，颛顼、帝尧持续进行"绝地天通"努力，确立"敬天"为中国宗教之中心信念，形成人本主义的国家精神，其要义是：人的唯一关切是人间秩序，此即《中庸》所说的"道不远人"；人间形成和维护良好秩序的唯一主体是人，此即《中庸》所说的"为政在人"；塑造和维护这种秩序的唯一目的是人民普遍过上好日子，此即《尚书·大禹谟》所说的"政在养民"。① 历史唯物主义否定一切神灵的存在，全面确立人的主体地位与生产性实践的历史中心地位。中国共产党结合两者，其革命、建设、改革的实践都是人本主义的，依靠人、组织人、为了人，此即以人民为中心的历史政治观。因此，中国式现代国家没有任何宗教色彩，完全是此世的、人本的。这与美国政治过程的浓厚神教色彩形成强烈对比。

---

① 参见姚中秋：《绝地天通：中国式宗教治理之道与世界宗教分类之尺度》，《西南民族大学学报（人文社会科学版）》2022年第1期。

第二，就政治统治结构而言，从皇权郡县制到中国共产党全面领导下的民主集中制，"大一统"的特质未变。夏商周三代行封建之制，国家呈现为多元权力中心的间接统治格局；秦朝在超大规模疆域上建立了直接统治的皇权官僚郡县制国家；汉武帝为之引入文教，"大一统"成为首要政治价值，维护国家在各方面一统之制度趋于完善，其中比较重要的是，士人在社会中、士大夫通过国家化的教化机制，共同塑造国民之国家认同。① 马克思主义政党的基本组织原则是民主集中制，尤其强调集中统一。中国共产党以此建立了集中统一的军队，进而建立集中统一的国家，并进行全面深入的国民理想与价值观塑造，从而在更高层次上更为全面地重建了"大一统"国家结构，比如，延续了作为"大一统"根本政治机制的省县制，又以集中统一的党组织网络予以强化。

第三，就国家领导—治理主体而言，从士人—士大夫群体到党员—干部群体，同属先进性领导团体。秦朝文法吏是典型的韦伯式理性化官僚；汉武帝建立察举制，吸纳研习孔子文教的士人进入政府，形成士大夫。从其训练过程和行为模式看，士人—士大夫是道德、知识、政治上的先进分子，其所主导的政治带有强烈公共性。② 马克思主义政党的本质属性是先进性，中国共产党人积极推进马克思主义中国化，包括组织的中国化，重视党员、干部先进性的培养和保持，

---

① 参见姚中秋：《以国家整合为中心的大一统理念：基于对秦汉间三场政治论辩的解读》，《学海》2022 年第 5 期。

② 参见姚中秋：《领导性治理者：对士大夫的历史政治学研究》，《江苏行政学院学报》2021 年第 2 期。

党员—干部群体与士人—士大夫群体之间存在明显相似性。①

第四，就经济制度而言，从厚生主义政治经济体制到社会主义市场经济，同以养民、改善民众生活为国家中心任务。人本主义国家精神落实为"养民"的政府职责，大禹明确提出厚生主义政治原则："德惟善政，政在养民。水、火、金、木、土、谷，惟修；正德、利用、厚生、惟和"②。到战国时代，资本主义萌芽有所发育，商鞅在秦国果断采取"重农抑商"政策；士人政府长期坚持这一政策，确保经济体系以生产为中心运转，从而最大限度地满足日益增长的人口对物质生活资料的需求。历史唯物主义把物质生产作为人类首要的、核心的实践，据此，中国共产党在中华人民共和国成立以后全力推进工业化；20世纪80年代以来，中国虽然吸纳了市场机制，但仍以工业化为中心，以提高人民生活水平为根本目标。社会主义市场经济是厚生主义传统的创新性发展，而极大地不同于西方尤其是美式资本主义体制。③

第五，就社会生活而言，从孔子文教体系发展为社会主义文教体系，致力于对国民施行人文道德教育与塑造。《尚书·舜典》已阐明古典教化之基本性质："敬敷五教，在宽"。到轴心时代，中国以西各文明走向一神教，教人信神；孔子却建立"文教"，以五经之文，

---

① 参见姚中秋：《干部作为政治能动者的一种类型：一个初步的分析框架》，《江苏行政学院学报》2022年第2期。

② 《尚书·大禹谟》，对其解读，参见姚中秋：《厚生主义：优于资本主义的经济社会体制》，《文化纵横》2020年第1期。

③ 参见姚中秋：《中国政治经济体制的历史连续性：从厚生主义传统到社会主义市场经济体制》，《中国政治学》2022年第2期。

教人敬天、孝亲、忠君。汉武帝确立文教为国家制度，士人政府普遍施行教化于所有人，教其孝亲、忠君，成为好人和好公民。作为先锋队政党，中国共产党高度重视对党员和群众的宣传、教育；在领导人民进行革命、建设、改革的历史进程中，把马克思主义理论、社会主义先进文化、中华优秀传统文化熔铸为一套现代文教体系，广泛开展精神文明建设，提高其道德文化水平，塑造其国家认同。①

总之，历史地看，中国式现代国家形成的初始条件是不同于欧美的：中世纪的西欧只有社会而几乎没有国家，② 君主们近乎从头构建现代国家；19 世纪末中国为了应变而创制立法，则是在悠久且成功的原现代国家历史基础上进行的，其内在精神、制度元素也就通过各种机制全面深刻地渗入新国家机体之中。这样，中国式现代国家的形成过程就不是发生在西方的"国家构建（state-building）"，而是国家重建或发展（state-rebuilding or state-development）。就此而言，历史政治学是研究中国式现代国家之构成性方法，惟有通过溯源于历史，我们才能全面准确地理解其种种价值、制度、机制及至政策之形态和理由。

---

① 参见姚中秋：《论中国式文教国家：基于与西方古今国家形态之宏观历史比较》，《华中师范大学学报（人文社会科学版）》2022 年第 3 期。

② 布罗代尔说："对中世纪来说，只有一种历史，即社会史。"参见［法］费尔南·布罗代尔：《论历史》，刘北成、周立红译，北京大学出版社 2008 年版，第 144 页。

基于中国事实重建现代化与现代国家理论

基于以上讨论，我们可以把中国式现代国家界定为：在不平等的世界体系中，经由深刻全面的革命建立，由先进性—领导型政党全面领导，扎根于自身历史和文明，从而与传统国家保持明显连续性的"大一统"的社会主义工业化国家。这一事实为我们批判和超越西方主流国家理论、重建一种更为普遍的现代国家理论，提供了重大历史契机——由此理论，我们也可以证成中国式现代国家形态之世界历史正当性。

在西方政治理论高度发达且几乎支配全球思想学术界的今天，为什么必须重建国家理论？让我们来看历史唯物主义的基本原理："意识〔das Bewußtsein〕在任何时候都只能是被意识到了的存在〔das bewußteSein〕，而人们的存在就是他们的现实生活过程。"① 很显然，西方的政治理论、现代化理论、现代国家理论只是其相应现实生活过程的观念反映，因而是历史的、具体的，也就只是包含了一定普遍性的地方性知识，而西方在世界体系中的特权地位进一步削弱了其普遍性，种种政治因素甚至使之缺乏科学性。比如，它遮蔽了西方现代国家形成进程中两个决定性因素——征服殖民与工业化，进而遮蔽了其国家形态之内在决定性维度——帝国主义。

---

① 《马克思恩格斯文集》第1卷，人民出版社2009年版，第525页。

主要凭借西方国家在资本主义—帝国主义世界体系中的主宰地位，这种自由主义意识形态和相关社会科学获得了世界的思想、学术霸权。过去一百多年的中国学界，除 20 世纪中期以外，基本上都在此理论笼罩之下，并以其作为尺度，衡量中国现代化与现代国家之价值、制度、结构、政策，结论当然是，中国是"反常"的，必须"转型"。

需要承认，在中国人刚刚开始理解现代性之时，这些理论确有一定启发作用。但随着中国式现代国家的形态逐渐定型，西方理论不再有这种作用，反而成为理解、认识的重大障碍。中国式现代化在实践上的成功在思想学术领域起到了解放思想的作用，让我们敢于批判、抛弃西方现代化和现代国家理论，进而基于中国事实重构理论。从中国式现代化进程及其所形成的中国式现代国家的事实中，我们至少可以抽象出如下政治学命题，作为构建一种新的现代化与现代国家理论之出发点。

第一，高度组织化的先进性政治团体是现代国家构建和发展之有效能动主体。西欧现代国家是中世纪高度离散的宗教、经济、政治、社会等多元力量经过复杂互动形成的，作为其观念反映的西方政治理论也就具有明显的结构中心主义倾向。历史社会学认识到这一范式的不足，转向国家中心主义，把韦伯意义上的官僚制政府作为政治能动者。然而，理性化官僚只是理性化行政权的人格化代表，不可能具有主体性、能动性。晚年韦伯从德国社会民主党的政治实践中发现了政党的力量，引入政治家作为能动政治主体。但进入 20 世纪后，西方政党在选举政治中逐渐衰败，丧失了政治能动性和组织能力，沦为形形色色民粹主义的"尾巴"。因而，福山虽痛心于国家衰败，却给不出有效药方，其强化行政能力的建议没有任何可行性。

《中庸》曰："为政在人。"士人—士大夫群体是一个先进性政治团体，中国共产党与其拥有相通的精神气质，依托先锋队政党的组织形态，成为一个高度组织化的先进性政治团体，① 具有全面领导人民追求先进政治目标的坚定意志和能力，构成革命、建设、改革之"第一推动力"。故此，中国式现代国家不是一种静态的结构，而是一种持续发展的机制。这一事实决定了，研究中国式现代国家，应以中国共产党为方法；更一般地说，在方法论上必须超越结构中心主义，转向能动者中心主义，自觉运用历史方法。

第二，领导权是国家最为重要的权力。古代国家的中心权力——君权，是一种本源性的、统摄性的领导权，能够确保国家的整体性与适应性。进入现代，君权弱化，政党发育，并获取国家的政治领导权，主要表现为建立政府并全面指导其运转。然而，在特殊历史条件下形成的美式权力分立及制衡制度与学说，随着美国世界地位的上升而广泛流行，导致领导权在理论上隐匿、在实践中消散，其结果是，世界各地普遍存在"国将不国"的离散化现象。

在古代中国国家结构中，皇权与士大夫共同拥有国家领导权——不仅在政治上，而且在知识和道德上。承袭这一传统，并凭借马克思主义理论和先锋队政党的组织形态，中国共产党在中国式现代国家中发挥全面领导作用。领导权是一种根本性、至高性、中心性政治权

---

① 参见刘海波：《先进性团体政治的中国实践与一般理论》，《经济导刊》2015年第4期。

力，统领一切权力、组织、个体，确保了国家的整体性和强大集体行动能力。研究中国式现代国家，必须以领导权为方法，从领导权看待一切其他权力、组织和社会力量。[1]

第三，现代国家的建立、建设是自觉的思想和政治选择过程。自由主义高度推崇"自发秩序"，其在现实中运转的结果就是所有民族、国家被纳入资本主义—帝国主义世界体系中，丧失发展自主权，成为西方的依附者。比如，晚清、民国时期的中国在自由主义—资本主义的世界性自发秩序中退化为外围资本主义；冷战结束后，新自由主义、民主化第三波的自发秩序瓦解了众多国家的自主发展意志和能力，使其沦为美国主导的资本主义全球化中的依附者。然而，中国共产党依靠先进的马克思列宁主义理论的指导与悠久深厚文明传统带来的政治底气、勇气，选择了一条反抗体系的道路，虽然多次遭遇挫折与体系化力量的冲击，但始终坚持不懈，从而建立和保持了国家的发展自主权，这才基本上实现了现代化，形成中国式现代国家形态。研究中国式现代国家，必须重视思想、理论的作用，重视思想和政治的体系自主性问题。

第四，革命是建立现代国家之基本环节。欧美各国的古今之变无不经历了剧烈动荡，自由主义意识形态和社会科学却有意无意地遮蔽这一事实，构建形形色色的反对革命的政治、国家理论，例如，断言英美只发生了政治革命，由此建立了保障自由的宪政制度；宣称法国以及俄国、中国同时发生了"社会革命"，包括改变所有制归属、颠

---

① 参见姚中秋：《领导权：基于中国实践的权力类型学研究》，《政治学研究》2022 年第 1 期。

覆阶级结构、改造人们的价值和思想观念、塑造新的生活方式，等等，于是走向"极权主义"。二战后逐渐形成的美式现代化理论整体上也是反对民族革命和社会革命的。20 世纪 80 年代以来，国内学界接受了现代化理论，也有"告别革命"之说的勃兴。这种反对革命的现代化理论忽略了英、美现代国家形成过程中同样发生过革命，还发生过大规模征服：英国征服北美、印度，北美殖民者征服印第安人，这是其原始积累的基本源泉。

中国有悠久的古典革命传统，马克思列宁主义也是通过革命改造世界的理论，中国共产党结合这两个传统，除了通过政治革命夺取政权，还进行了反抗帝国主义的民族革命、深入改造社会文化的社会革命，比较彻底地扫清了现代化的障碍。自由主义政治理论宣称，建国意味着革命的终结，但中国式现代国家仍蕴含革命性，这表现为持续进行社会改造、谋求经济社会发展以及国家领导团体的自我革命。考察现代世界历史可以发现，革命的彻底性与国家的现代性、现代化的成就之间存在正向关系，印度与中国的差距就在于此。这些事实要求我们，研究现代化和现代国家，必须肯定革命，全面研究其不同形态与历史作用。

第五，社会主义是可行的、更好的现代化道路。马克思主义打破了资本主义道路的垄断性，世界各民族、国家可以在两条发展道路中进行选择。苏联、中国等不少国家选择了社会主义发展道路；西方各国为了保障自己的垄断利益，竭力维护自身的资本主义制度，并积极运用各种机制，强迫或诱导后发国家转向这条道路，自由主义意识形态与西方主流社会科学，比如韦伯的资本主义理论、美式现代化理论、发展经济学等，就是为此服务的。可以说，两条发展道路的斗争是世界现代政治之基本内容。西方享有先发优势，资本主义道路在世界范围内长期占据上风。但是，中国式现代国家的定型——马克思主义中国化时代化取得的重要成功，"使世界范围内社会主义和资本主义两种意识形态、两种社会制度的历史演进及其较量发生了有利于社会主义的重大转变"①。据此，我们需要重新审视过去两百年世界范围内社会主义与资本主义斗争的历史，重新审视现代思想学术史上的资本主义与社会主义之辨。

第六，现代社会的根本价值是平等，现代国家的根本职能是实现人的全面发展。中世纪欧洲贵族把相对于国王的自由权视为最高价值；早期现代欧洲政治哲学实现了一次转换，把平等确立为现代社会的根本价值；英国在完成工业化并以帝国主义方式进行世界性资本主义剥削后，则将价值取向再度转向自由——包括财产权，以此为中心的自由主义意识形态和社会科学把个体界定为权利主体，要求国家提供各种保障。由此，个体成为国家的消费者，国家退化为集团或个体进行"分利"的机制。但归根到底，这种自由是以世界性特权为前提的，仅能为世界的少数所享有。对现代世界的绝大多数民族和个体而言，平等才是根本价值，包括民族平等、个体平等。中国共产党领导的革命正是为了实现这种双重平等。相互平等的国民为了改善自身福利，必须共同努力，寻求国家发展。由此，每个人首先是国家的建设者，中国式现代国家就是相互平等的人民共同实现全面发展的机

① 《中共中央关于党的百年奋斗重大成就和历史经验的决议》，人民出版社 2021 年版，第63—64页。

制。因此，我们必须重新审视西方主流政治哲学，重新思考自由与平等、分利与发展的关系。

第七，现代化的中心环节是工业化，大工业生产方式是现代国家的经济基础。关于现代国家理论的经济维度，西方主流理论普遍强调私人财产权、资本主义机制或再分配，而忽视工业化与生产力的长期发展。在19世纪后期的英国、当代的美国，这种理论助推了"去工业化"，造成了严重的经济、社会、政治问题；大量后发国家受此理论误导，忽视工业化对于现代国家构建和发展之基础性作用。中国自身重视生产的厚生主义传统与历史唯物主义以生产为中心的理论，共同促使中国共产党高度重视生产力的发展，中华人民共和国成立之时就把工业化作为国家的根本任务，据此构建国家的价值、机构、组织、机制等。由此，中国式现代国家成为生产力持续发展的组织机制，极大地扩展了现代国家的职能。反过来，高效率且持续发展的工业生产方式构成现代国家之经济基础，支持社会、政治之正常运转和发展。这一基础一旦遭到破坏，现代国家必然出现退化，"拉美陷阱"、欧美民粹主义泛滥之根源就在于此。因此，研究政治、国家问题，还是要回到历史唯物主义，把生产力问题作为塑造政治和国家的根本因素。

第八，现代国家是"大一统"国家。西欧的现代国家构建是针对中世纪权力高度离散的状态展开的，以集中权力、扩张权力、对人民实行普遍的直接统治为宗旨，主权、民族—国民（nation）等观念均体现了这一点，自然状态—社会契约论则是其意识形态反映；北美十三州独立建国，同样是由分走向合，《联邦党人文集》对此予以多方论证。可见，西方的现代国家构建实际上就是追求"大一统"，只不过受制于其历史条件，未能完全做到。这种不彻底性给后来的退化留出了后门：在完成工业化且成为帝国主义国家之后，欧美各国的直接统治机制遭到削弱，社会各领域再度封建化。自由主义意识形态则将错就错，个人权利、三权分立、民主化、公民社会、人权高于主权、市场替代国家等理论，无不致力于解构国家、怀疑政府、贬斥权力。只是由于外部横财持续输入，欧美各国才勉强维持了国家整合，但目前其已进入衰败通道之中，自由主义也在下坡路上猛踩油门。至于后发国家，按照这些理论进行的现代国家构建，普遍陷入严重的自相矛盾之中，常见的情形就是，竞争性民主制的名义保留，实际上固化了高度离散的前现代制度和社会结构而形成"封建民主制"。中国式现代国家则运用两大资源，即中国自身的"大一统"传统与先锋队政党的集中统一机制，建立了史无前例、世无其匹的"大一统"国家，从价值上、结构上、机制上实现了最大程度的国家整合，从而有能力保持秩序的稳定与经济社会的持续发展。[①] 这一事实要求我们重新认识"大一统"的普遍意义。

第九，现代国家负有普遍教育塑造国民之职责。西方在其早期现代国家构建过程中，以宗派化神教、公立教育系统及各种政治符号教化国民，塑造其国家认同，其中不乏强制。自由主义国家理论则从主张宗教宽容逐渐滑向国家价值中立，再退化为文化多元主义、相对主义乃至虚无主义，其结果是国家凝聚力的流失、国民的野蛮化与文明

---

① 参见姚中秋：《中国共产党的领导与超大规模国家的现代化》，《天府新论》2023 年第 2 期。

的明显返祖。美国保守主义者痛感其害，返身诉诸清教，则引发了种族、宗教间的剧烈冲突。中国式现代国家基于自身人文教化传统与马克思主义的先进性教育理念，把社会主义精神文明建设确立为国家根本任务，通过各种机制对国民进行普遍的道德、人文教育与塑造，形成进步主义的共同体认同，并使全社会保持积极向上的精气神。

结语

如何认识中国式现代化与中国式现代国家？在这个问题上，方法论的教条主义和唯心主义长期占据上风，以西方既有理论衡量、裁判中国事实，得出诸多虚妄结论。本文采用历史唯物主义的认识论，即历史的反映论——这也是历史政治学的基本认识方法，直面已经定型的中国式现代国家，从世界和历史两个维度分析其形成和结构，呈现其形态。

我们发现，中国近世建立现代国家的事业，在时间上晚于西方各国，最后定型之国家形态的现代性反而更为充分、完备。这是因为，首先，秦汉时代，中国就已形成原现代国家，两千年历史让诸多现代性早已积淀为深厚的传统；其次，马克思主义批判性地超越了西方式现代国家。中国共产党统合两者，熔铸出更为现代的国家形态。同时，中国式现代国家是通过全面深刻的革命建立的，更加平等，并通过内部积累实现工业化，因而从世界范围看，具有明显的政治和道德先进性。

更为现代和先进的中国式现代国家形态是有普遍意义的。西方式现代国家的建立依靠某些特殊条件，如英国的对外征服、殖民，北美殖民者夺取印第安人土地、奴役黑人、没有外部强国窥伺等。这样的现代化道路是不可重复的，依赖外部暴敛之横财输入维系现代国家形态也是缺乏普遍性的。相反，世界大多数民族、国家在世界体系中的处境与中国相似，中国式现代化道路是其可以学习的，这条道路"拓展了发展中国家走向现代化的途径，给世界上那些既希望加快发展又希望保持自身独立性的国家和民族提供了全新选择"①。

基于以上两点本文认为，立足于中国式现实化道路与现代国家形态构建自主的知识体系，是有理论上、实践上的普遍价值的。本文的论述过程也在表明，重构现代化与现代国家理论，必须结合马克思主义理论与中国传统经史之学，两者在认识论上、在历史观、社会观、政治观上高度相通相契，协同参与了中国式现代国家之构建，因而足以作为我们建构中国自主的知识体系之出发点。

参 考 文 献

《马克思恩格斯文集》第 1 卷，人民出版社 2009 年版。

《列宁选集》第 2 卷，人民出版社 2012 年版。

《建党以来重要文献选编（1921—1949）》第十五册，中央文献出版社 2011 年版。

《中共中央关于党的百年奋斗重大成就和历史经验的决议》，人民出版社 2021 年版。

---

① 《中共中央关于党的百年奋斗重大成就和历史经验的决议》，人民出版社 2021 年版，第64 页。

孔飞力：《中国现代国家的起源》，陈兼、陈之宏译，生活·读书·新知三联书店 2013 年版。

姚中秋：《可大可久：中国政治文明史》，华龄出版社 2021 年版。

刘海波：《先进性团体政治的中国实践与一般理论》，《经济导刊》2015 年第 4 期。

姚中秋：《厚生主义：优于资本主义的经济社会体制》，《文化纵横》2020 年第 1 期。

姚中秋：《中国与世界体系的两轮脱钩——重新挂钩：以自主发展为中心》，《世界政治研究》2021 年第 2 期。

姚中秋：《领导性治理者：对士大夫的历史政治学研究》，《江苏行政学院学报》2021 年第 2 期。

姚中秋：《绝地天通：中国式宗教治理之道与世界宗教分类之尺度》，《西南民族大学学报（人文社会科学版）》2022 年第 1 期。

姚中秋：《领导权：基于中国实践的权力类型学研究》，《政治学研究》2022 年第 1 期。

姚中秋：《干部作为政治能动者的一种类型：一个初步的分析框架》，《江苏行政学院学报》2022 年第 2 期。

姚中秋：《中国政治经济体制的历史连续性：从厚生主义传统到社会主义市场经济体制》，《中国政治学》2022 年第 2 期。

姚中秋：《论中国式文教国家：基于与西方古今国家形态之宏观历史比较》，《华中师范大学学报（人文社会科学版)》2022 年第 3 期。

姚中秋：《西式民主的帝国主义基础：对恩格斯列宁命题的验证和发展》，《江苏社会科学》2022 年第 4 期。

姚中秋：《以国家整合为中心的大一统理念：基于对秦汉间三场政治论辩的解读》，《学海》2022 年第 5 期。

姚中秋：《现代世界政治体系理论：基于对列宁帝国主义、殖民地理论的重述》，《社会科学》2022 年第 6 期。

姚中秋：《中国何以创造出人类文明新形态——基于新的政党类型学的内在解释》，《学术月刊》2022 年第 10 期。

姚中秋：《发展型社会主义：中国式现代化的道路与世界社会主义的方

向》，《文化纵横》2023 年第 2 期。

姚中秋：《中国共产党的领导与超大规模国家的现代化》，《天府新论》2023 年第 2 期。

［德］马克斯·韦伯：《经济与社会》第一卷，阎克文译，上海人民出版社 2010 年版。

［美］查尔斯·蒂利：《强制、资本和欧洲国家（公元 990—1992 年)》，魏洪钟译，上海人民出版社 2012 年版。

［美］弗朗西斯·福山：《政治秩序的起源：从前人类时代到法国大革命》，毛俊杰译，广西师范大学出版社 2012 年版。

［法］费尔南·布罗代尔：《论历史》，刘北成、周立红译，北京大学出版社 2008 年版。

大国竞争与中国的现代化

李怀印 *

　　所谓大国，不仅是指领土面积、人口规模和经济总量远远超过普通国家的大型或超大型政治体，更主要是指在经济、财政和军事上有强大竞争力，在政治和文化上有巨大影响力的国家（Great Power）。它们能够在大国竞争中，形成自己所主导的国家体系、地区秩序乃至世界秩序，并且利用这些体系和秩序来强化本国的竞争优势与战略利益。

　　关于大国的兴衰及其背后的动因，很多学者做过相关的研究。耶鲁大学历史系教授保罗·肯尼迪的研究影响较大，在其著作《大国的兴衰——1500年到2000年的经济变迁与军事冲突》中，他探讨了欧美、中、日、俄等国发展的历史轨迹。[1] 此外，历史政治学家查尔

---

　　* 李怀印，南京大学政府管理学院特任教授，美国德克萨斯大学奥斯汀分校历史系教授，东亚研究中心主任。

[1]　Paul Kennedy, *The Rise and Fall of the Great Powers*, New York：Random House, 1987.

斯·蒂利的《强制、资本和欧洲国家（公元990—1992年）》，聚焦欧洲主要国家之间的竞争，也作了中欧之间的比较研究①。芝加哥大学政治学教授约翰·米尔斯海默的《大国政治的悲剧》，着眼美国以及欧亚大陆各大国的发展历程，在该书修订版的最后一章还专门讨论了中国。② 这三本著述的共同特点是它们都是历史研究，时间跨度很大，视野开阔，和经济学家从经济角度探讨国家兴衰的诠释架构完全不同。这几本书的观点大致可以概括为：大国的竞争靠军事，军事实力靠财政，财政实力靠经济。具体而言，一个国家能否实现自己的战略目标，在大国竞争中脱颖而出，要看它有多强的军事实力。而军事实力的强弱，要看它在多大程度上，能够把自己的财政实力转化为国防实力。而财政实力的大小，最终要看它能在多大程度上动员现有的或潜在的经济资源，把经济资源转换为财政实力。总之，一个国家的竞争力，取决于三种资源，即军事资源、财政资源和经济资源。国家竞争力的提升过程，实际上是这三种资源的培育和转化过程。

就方法论而言，上述研究基本上都是围绕两个维度展开的，一是驱动大国竞争的地缘政治格局和战略目标，二是形塑大国竞争能力的财政和军事资源。推而广之，有些研究也关注与上述因素相关的社会

---

① Charles Till, *Coercion*, *Capital*, *and European States*, *990 - 1992*, Cambridge, MA：Blackwell Publishing, 1990.

② John Mearsheimer, *The Tragedy of Great Power Politics*, New York：W. W. Norton, 2014.

经济结构以及由经济、财政和战争所造就的国家机器形态。① 相对而言，学者对于政治认同如何影响国家形成和大国竞争的问题，关注不多。人的因素在以国家为主要研究对象之一的历史社会学和历史政治学研究中，往往可有可无。与此相反，中国的写史传统向来以人为中心，人心向背成为理解朝代兴衰的关键。因此，本文区别于以往的大国政治研究的地方在于，本文的诠释架构除了地缘战略和财政军事资源两个维度之外，还增加了第三个维度，即政治认同。本文的核心观点是，地缘战略、财政能力和政治认同，三者共同影响着大国竞争能力的提升和中国的现代化进程。

地缘战略。一个国家在制定地缘战略的过程中，通常有两个基本的选项。对于大国来说，其终极目标是建立本国在国际关系中的优势或主导地位，形成有利于己的国际秩序，使国际贸易和金融体系服务于其国家利益。对于非西方世界的绝大多数中小国家而言，最佳选项是在现存的国际秩序中，寻找最有利于己的自我定位，依赖于已经占据主导地位的大国的保护，成为其主导秩序的"搭便车"者。其中少数国家，因为对于大国而言具有重大战略价值，成为受其青睐的附

---

① 参见 John Brewer, *The Sinews of Power: War, Money and the English State, 1688-1783*, London: Routledge, 1989; Karen Rasler and William Thompson, *War and State Making: The Shaping of the Global Powers*, Boston: Unwin Hyman, 1989; Brian Downing, *The Military Revolution and Political Change: Origins of Democracy and Autocracy in Early Modern Europe*, Princeton University Press, 1992; Thomas Ertman, *Birth of the Leviathan: Building States and Regimes in Medieval and Early Modern Europe*, Cambridge University Press; Jan Glete, *War and the State in Early Modern Europe: Spain, the Dutch Republic and Sweden as Fiscal-Military States*, London: Routledge, 2002; Christopher Storrs, ed., *The Fiscal-Military State in Eighteenth-Century Europe: Essays in Honor of P. G. M. Dickson*, Burlington: Ashgate, 2009。

庸或保护对象，不仅可以获得大国的军事和财政援助，而且在经济上依靠引进外国资本和先进技术，能够完成产业升级和技术转型；而在政治上为回应来自大国的压力和内部的要求，也能完成民主化转型，从而进入现代化国家的行列。但是，对于占主导地位的大国来说，多数的中小国家不具备这样的战略价值，他们难以得到"搭便车"的机会，反而会沦为大国所主宰的国际秩序的牺牲品，在不平等的贸易条件下源源不断地向大国输血，沦为原料供应国和制成品市场，使本土制造业陷入发展困境。还有一些人口和经济总量居于中等规模的国家，介于这两个极端之间。他们既无法搭上大国的便车，也不愿沦为大国的附庸，而是坚持在现有的国际秩序中，走出一条自己的现代化道路。它们往往自我抱团，形成区域性的经济贸易体系；同时也通过加入各种全球性的贸易和金融体系，发展对外贸易，引进先进技术，实现一定程度的工业化。但大多数本土企业无力与主导该国经济各行业的跨国公司进行竞争，产业结构和技术水平始终难以得到根本提升，人均国民收入在达到中等水平后很难再上一个台阶，落入所谓的"中等收入陷阱"。①

财政能力。一个国家能否实现自己的战略目标，并在国与国之间的竞争中生存和胜出，取决于其自身的经济实力，而其中最直接、最重要的制约因素，是国家的财政能力。财政能力本身又能进一步转化为国家的军事实力。换言之，一个国家的经济结构和经济规模，决定

---

① 参见 Richard Doner and Ben Schneider, "*The Middle-Income Trap: More Politics and Economics*", World Politics, 2016, 68 (4); Pierre-Richard Agenor, "*Caught in the Middle? The Economics of Middle-Income Traps*", Journal of Economic Surveys, 2017, 31 (3).

了其财政规模，而财政规模又进一步决定了该国的军事竞争力。从经济资源到财政资源，再到军事资源，有一个逐层转化的过程。一个国家能否在国际地缘秩序中居于主导地位或形成有利于己的定位，不仅要看其经济规模的大小，而且要看其经济资源能在多大程度上转化为财政资源，而财政资源又能在多大程度上转化为军事能力。这里有两点需要进一步说明。其一，经济规模不等于经济资源。只有总体经济规模中可以被汲取的部分（也就是满足了个人的消费需求或整个人口的自我再生产需求之后的剩余部分），才能构成可转化为财政和军事实力的经济资源。不同经济形态的经济资源转化率或汲取率是不同的。转化率最低的是传统农业，其劳动生产率低，生产产品的大部分用于生产者的自我消费和延续。工业革命以来，制造业快速发展，其劳动生产率比传统的手工劳动提高数倍甚至数十倍，资源转换率也大幅提升。资源转换能力最强的是实现了高度工业化和全球化的经济体，其能够有效利用先进生产技术，形成了行业内部的完整产业链，占据了重大产业部门全球产业链的上游；上游产业链中高新技术垄断所带来的利润，远远高于中低端产业，也构成了政府最丰厚的税源。其二，一个国家财政规模的大小，不仅取决于可供抽取的实体经济资源（农业、制造业和服务业）的规模，还取决于该国金融体系的信贷能力，其重要性在信贷发达的国家并不亚于实体经济本身。信贷可以在政府的财政能力提升中发挥杠杆作用。通过扩大货币流通，发行政府债券，或者直接向银行借贷，政府可支配的财政资源会成倍增长。但是扩张后的信贷能力必须用于与生产相关的经济过程才会产生积极作用；信贷能力最终还是要以实体经济作为支撑，否则将会带来虚拟经济的膨胀和财政能力的泡沫化。

政治认同。所谓政治认同，就是聚合具有不同利益诉求的各种群体，协调各方的利益和能力，使他们在资源的动员和转换途径以及国家战略目标上，达成共识。从本质上看，认同问题实际就是各社会群体之间的利益分配问题。如果能够处理好这个问题，各社会群体或利益集团之间能够达成妥协、结成联盟，就会成为资源转换和战略实现过程的润滑剂、推进器，否则就会阻碍资源的动员，降低资源转换的效率，削弱国家竞争能力，乃至使地缘政治战略走向失败。在现代社会中，打造政治认同的基本途径有以下几种。第一，通过竞争形成共识，所注重的是竞争程序的公平。通过自由表达和公开竞争，代表不同社会群体和不同利益集团的政治势力之间，就各自的利益诉求和政治目标展开博弈，最终以全民或其代表投票表决的方式决定博弈结果。第二，通过协商达成共识，所体现的是卷入政治过程的不同派别之间的相互关系和各自的实力。代表不同利益的政治派别之间，透过私人关系或其他非正式渠道，就各自的诉求进行讨价还价，权衡双方的强项和弱项，以及各种选项的利弊得失，最终各有所取，各有所让，达成妥协。第三，借助政治领袖的人格魅力和思想吸引力，从而在相当程度上达成社会共识。第四，在程序化竞争、非正式协商机制以及领袖个人魅力皆缺失的情况下，社会各群体或各利益集团之间无法以和平手段达成共识，最终只能通过使用暴力等强制手段解决争端。

因此，地缘战略、财政构造、政治认同，三者共同决定了一个国家的兴衰。① 地缘战略的形成受制于外部环境。是否存在外来威胁或援助，以及这种威胁或援助的程度高低，直接决定了该国的对外地缘战略，也在很大程度上影响着其国内的发展路径。但是，能否以及能在多大程度上实现其地缘战略目标，归根到底是由本国的财政和军事实力所决定的，而能否顺利实现和巩固其战略目标，又取决于它能在多大程度上增强政治认同，协调各方的利益，增强不同利益群体对国家目标的认可度。地缘、财政、认同，三者紧密相关，对塑造一个国家的竞争力和形成自己的现代化道路皆有重要影响。

大国的竞争能力，同样受制于这三个要素，但有其自身特点。第一，大国不能像中小国家那样，通过搭另一个大国的便车，长期依靠其财政、经济和技术援助，乃至接受其军事霸权的保护。大国之间可以为了共同的利益结成暂时的合作或盟国关系。但这种合作或结盟是有条件的，一旦彼此之间失去了共同的利益空间，就会从合作走向对抗竞争。竞争而非合作，是大国地缘环境的重要特征。提高国家竞争能力、建立竞争优势，既是大国实现现代化的保障，也是大国推进现代化的重要目标。

第二，由于大国不能像中小国家那样依附于另一个大国，加之大国之间的合作只能是暂时的、有条件的，那么大国提升国力的最根本途径，只能是形成自主的、相对完整的产业体系，尤其是这一体系的关键部门和核心技术必须扎根本土，从而形成不依赖外部的自我持续能力。换言之，中小国家可以有选择地侧重于发展最能发挥其资源禀

---

① 对上述三个因素的初步论述，见李怀印：《现代中国的形成：1600—1949》，广西师范大学出版社 2022 年版，第 13—20 页。

赋的优势产业，而大国却不能被所谓"比较优势"的套路迷惑和束缚，必须自始至终地坚持多层次的工业化战略。相较于劳动密集型的低端产业，发展资本密集和技术密集的产业部门，对于提升大国的生存能力及竞争力而言，显得更为重要和紧迫。

第三，大国的兴盛之所以异常艰难，不仅缘于竞争是大国关系的主轴及形成独立自主的产业体系是其增强竞争力的根本路径，而且由于大国必须在政治认同方面形成一套服务于自身利益和战略目标的话语体系及利益协调体系，而不能照搬或仿效其竞争对手的理念和制度。在其竞争力足以与对手抗衡之前，经济和技术上落后的大国总体上倾向于国家主导的发展战略，把国家的战略利益置于个人或私人利益之上。就意识形态而言，为了确保国家战略目标的实现，政府的威权通常总是优先于个人或私人的权利，社会和政治的稳定也优先于不同利益之间的竞争。但是，那些具有经济和技术优势并且在全球体系中占据主导地位的大国，在意识形态和话语体系方面，对于落后国家具有较大的影响力和示范性。源自美国并且服务于美国全球战略利益的现代化理论，在冷战时期流行于非西方国家，便是最好的例证之一。如何在话语霸权缺失的条件下，打造自身的政治合法性和利益调控机制，是崛起中大国面临的一项严峻挑战。

地缘、财政、认同这三个关键变量不仅决定了大国的竞争能力和兴衰轨迹，而且在很大程度上形塑了一个国家的现代化路径。国家竞争力的强弱与本国的现代化水平紧密相关，从某种意义上看可以说是同一个过程的两个侧面，但两者又存在一定区别。按照经典"现代化理论"的解释，现代化涵盖工业化、城市化、民主化等各项具体指标。[①] 对所有发展中国家而言，这些指标固然是衡量其经济、社会和政治现代化程度的主要尺度，但它们顶多只能体现现代化的"共性"或"普遍性"，而不能揭示各个国家现代化道路的"个性"或"特殊性"。任何一个国家的现代化进程，都是在其所处的特定外部环境和内部因素的相互作用下推进和展开的。现代化研究如果不结合一个国家特定的历史背景和地缘政治环境，只会沦为理论模式的机械套用或者简单化的推论。因此，探讨一个国家的现代化路径，除了要考察工业化、城市化、民主化这些基本过程之外，更要关注对这些过程起到关键支撑作用的地缘战略、财政能力和政治认同。它们三足鼎立，共同决定了一国的经济、社会及政治的转型路径和国家竞争力的强弱。

---

① 现代化理论在 20 世纪 50 至 70 年代的美国曾经盛极一时，并且传播到整个西方世界，也影响了非西方世界（包括中国周边的东亚地区）的知识界，在很大程度上制约了这些地区的经济增长和发展问题研究，甚至支配了这些地方的政府决策过程。所谓现代化理论，如果用一种高度概括、简单的方式加以表述的话，那就是认为，当今世界的所有国家不分大小，也无论先进与落后，都会经历一个从传统的、前近代社会，向现代工业社会的转型过程。这一转型，在经济领域表现为工业化，亦即经济从起飞到成熟的整个阶段；在社会领域表现为农村人口向城市的迁移，也就是城市化过程；在政治领域表现为伴随着工业化和城市化而来的中产阶级的壮大、公民意识的形成、个人权利的保障、及其公民对政治参与的诉求，也就是民主化过程；在精神文化领域表现为从相信来世救赎的宗教生活，向世俗的、功利主义的价值体系的转换，以及从基于个人出身和血缘关系、缺少流动的封闭型社会，向基于个人能力和成就的、高度流动的开放型社会的转变。有关经典现代化理论的代表性作品，参见 W. W. Rostow, *The Stages of Economic Growth：A Mon‐Communist Manifesto*, Cambridge University Press, 1960; Marion J. Levy Jr., *Modernization and the Structure of Societies：A Setting for International Affairs*, 2 *vols*, Princeton University Press, 1966; Gabriel Almond and G. Bingham Powell, Jr., *Comparative Politics：A Developmental Approach*, Boston：Little, Brown, 1966; Alex Inkeles and David Smith, *Becoming Modern：Individual Change in Six Developing Countries*, Cambridge, MA：Harvard University Press, 1974.

改革开放前 30 年：应该用什么尺度来衡量

自秦汉以来，中华文明一直是世界上几个主要文明之一。大一统王朝是中国历史的主轴。尤其是到帝制时代的晚期，也就是明清两朝，就其疆域、人口、经济规模而言，中国是世界上当之无愧的大国。维护自身的地缘安全，始终是明清两朝的最高战略目标。从 19世纪中叶开始，中国经历了历时一个世纪的艰难转型过程。地缘环境发生了根本变化，从原先在东亚地区占主导地位的大国，一度沦为贫穷落后、备受列强欺凌的国度。但是经过数代人的不懈努力，从同光中兴、清末新政到民初共和，再到中国共产党领导的新民主主义革命，中国的地缘战略、财政军事能力以及政治认同形态，均发生了根本转型，最终于 1949 年建立了一个政治上高度统一的现代主权国家，从而为中国重新回到大国政治的舞台，并且在竞争中再度崛起奠定了基础。要理解 1949 年以后的中国如何在大国竞争中形成自己的发展战略，使其经济发展水平和国防实力与自身的大国地位相称，同样必须综合分析地缘、财政、认同这三个制约因素。

折冲于美苏之间的地缘战略。1949 年中华人民共和国成立以后，中国面临的首要问题便是如何处理与其他大国之间的关系，形成有利于己的战略定位。在以美、苏为首的两大国家阵营走向长期对立的地缘政治格局下，中国首先实行"一边倒"的政策，选择加入社会主义国家阵营，通过签订《中苏友好同盟互助条约》，获得了苏联在国防安全方面的承诺。此外，在工业化起步阶段，中国还获得了来自苏联以及东欧其他社会主义国家在财政、设备和技术方面的援助，对于奠定国家工业化的基础起到了重要促进作用。但中国自近代以来遭受列强欺凌的历史记忆，以及由此所产生的捍卫国家主权和领土完整的坚强决心，决定了新中国的领导人在处理新中国与他国或其他政党的关系时，必须坚持独立自主的原则。20 世纪 50 年代尤其是朝鲜战争以后，中国的综合国力不断提升，对于任何威胁国家利益和国防安全的外来方案都保持高度警惕。因此，中苏之间不可避免地从结盟走向相互猜忌、疏远，最终在 20 世纪 60 年代后期和整个 20 世纪 70 年代发生军事冲突和对抗。①

　　上述地缘战略对中国在 20 世纪 50 至 70 年代的工业化和经济增长模式起到了决定性的影响作用。首先，作为社会主义国家阵营的重要一员，20 世纪 50 年代的中国不可能倒向另一边，将自身的经济发展依附于以美国为首的资本主义国家所主导的世界贸易体系。虽然自 20 世纪 60 至 70 年代中苏关系破裂之后，中国通过有限的途径从日本和西欧引进了部分所需的先进技术和设备，但是，中国不可能全面融入、也不被容许融入资本主义国家所主导的世界贸易体系，更不可能像起步阶段的"四小龙"那样，通过发展劳动密集型低端产业推进本国的工业化。事实上，中国不仅不会加入或依附于美国所主导的世界贸易体系，甚至也不愿加入苏联所主导的国际贸易体系，也就是社会主义国家阵营内部的"经济互助委员会"。自 20 世纪 50 年代工

---

　　① 参见沈志华：《冷战的再转型：中苏同盟的内在分歧及其结局》，九州出版社 2013 年版。

业化启动之初，中国便确立了建立一个门类齐全的现代工业体系的目标，并把重点放在建立和完善对支撑这一工业体系起到核心作用的重工业各部门。

因此，中国的工业化从一开始便具有资本密集的特征。个别经济学者认为 1949 年以后中国的经济增长战略，即以重工业为主的工业化与中国的资源禀赋结构不相适应，并认为中国的发展战略也应该如同"四小龙"那样，从劳动密集型低端产业着手，只有这样才能发挥中国的比较优势。这样的论断是孤立和片面的，脱离了 1949 年以后中国地缘政治的历史实际和中国作为一个大国所追求的战略目标。20 世纪 50 至 70 年代的中国不可能走"四小龙"的道路，这不仅由于美国所主导的西方资本主义体系不会接受中国，中国自身的大国地位和地缘战略也不允许其将自身的发展寄托于其他大国所主导的国际贸易体系。仿效"四小龙"的增长战略，推进出口导向的工业化，全面融入美国所主导的全球贸易体系，对中国而言一开始便是行不通的。作为一个大国，中国不可能片面地只发展劳动密集型低端产业，而必须着眼长远，建立一个完整的、自主的现代工业体系。只有这样，才能在大国博弈中增强自己的生存能力和竞争能力。

零和转移的财政构造。中国要实现自身的地缘战略目标，需要有充足的财力作为支撑。在缺少外来投资，同时本国工业尚处于起步阶段、自身积累能力有限的情况下，只能依靠两个途径来满足工业化的资金需求。第一，转移农业经济剩余，即尽最大可能抽取和转移超出维持农业人口基本生计需求的农产品，用以满足工业化所需的原料以及不断扩大的城市人口所需的物质资料，并且主要靠农产品和原料的出口换取外汇，引进先进技术设备。第二，压缩城市人口的消费，使其工资收入主要用以满足基本生计需求，尽量减少非必要的奢侈性消费。改革开放以来，我国主要通过经济的外向型扩张并且以金融杠杆为辅助，实现快于经济增长的财政增收。相比之下，改革开放前30年国家财政构造的最大特征，是通过不同部门之间经济资源的零和转移，实现与国民经济增长大体同步的财政能力的提升。虽然财政收入的增加最终取决于国民经济的增长，但国家财政的最主要作用，是确保国家地缘战略目标的实现，而非国民经济规模的简单扩张或人均国民收入的提高。

从这一视角出发，我们就能够理解改革开放前30年中国的国民经济体制。在这种体制下，各个部门和企业所生产出来的仅是满足不同用途的产品，而非用于市场交换的商品。这些产品虽然也有价格，也需要通过计价的方式在不同部门之间进行交换，但价格并不是由市场按照供需关系来决定的，不具备充分的商品属性。工农业各部门之间的产品交换，主要用以推动国家工业化目标的实现和满足民众的生计所需，而不是为生产企业追求利润的最大化服务。虽然在生产和分配的过程中，所有企业都会进行投入与产出的核算，但是企业所产生的净值或者利润必须全部上缴中央。换言之，在这一过程中基本不存在、也不容许企业层面或私人层面的"理性抉择"或利润最大化行为，甚至也不允许部门层面或地区层面的理性抉择。为了最大限度地汲取可以用于工业化建设的各种经济资源，国家用行政命令和调拨计划等手段，进行产品的生产和再分配。在这种计划经济体制内部，如果存在真正意义上的经济核算或理性抉择的话，那么，它仅存在于国家层面。这种核算通常是通过工农业总产值的年增长率来体现的，但无论是国民经济的年增长率还是人均总产值，都不是国家工业化的目标或衡量手段。在大国竞争的条件下，国家工业化的宏观目标，是通过建立一个具有自我持续能力的现代工业体系，增强整个国家的生存机会和竞争能力。国家理性优先于企业理性和个人理性，是这一时期中国经济和财政的重要特征。

国家理性优先条件下的政治认同。由于在一定程度上基本不存在真正的市场机制和国家之外的理性抉择，微观层面的企业行为和劳动管理变得十分微妙。其中的核心问题是，在不允许企业拥有自主经营的权力、并且要求每个企业将自己获得的利润全部上缴的条件下，如何维持企业的经营积极性？与此同时，在企业职工缺乏自主择业和跳槽的机会、且其工资水平长期固定不变的情况下，怎样才能激发工人的生产积极性并保持必要的劳动效率？也就是说，在计划经济体制下，国家如何协调各部门、各企业以及每个职工的利益，并处理好各个层级的认同问题，形成一个能动员各方积极性的激励机制？从20世纪50年代到70年代，就具体的生产计划、原料调拨和产品分配问题，政府计划部门一直在进行不同方案的试验、调整，总体思路是在中央放权与收权之间进行尝试。但是从20世纪50年代末到20世纪70年代末，调整的总趋势是向各级地方和企业放权，方向是在确保完成中央指令性计划的前提下，充分发挥地方政府的主动精神和企业的经营积极性，因而同斯大林式的高度集中的计划经济体制相差甚远。国有企业职工劳动管理的主要特征是，在充分保障其生计安全的前提下，主要依靠政治动员和精神奖励激发职工生产积极性；把培养工人对单位和集体的认同放在第一位。普通劳动者的"理性抉择"是精神奖励与物质报酬的结合，是单位内部个人利益与集体认同的结合。这与苏联的劳动管理方式，即在劳动力短缺和工人可以自由跳槽的条件下，主要靠物质刺激和严格的等级制度来激发劳动者积极性的方式显著不同。总之，社会主义革命和建设时期的经济体制，实际上是在工业化程度较低的条件下所形成的中央计划与地方分权相结合、职工精神激励与生计保障相结合的一套独具中国特色的管理模式。这一时期的劳动管理模式，不能用皮埃尔·布迪厄所批评的"经济主义"思路（即资本主义市场经济条件下的纯粹的物质利益的得失算计）来解读和评断。[1]

如何评价改革开放前 30 年中国经济的宏观发展战略和微观管理模式？自 20 世纪 90 年代以来，曾经有两大学派流行于国内经济学界，一派自称是以哈耶克为代表的奥地利学派在中国的传人，只相信市场、法治和私有产权，以及在此基础上产生的企业家精神，反对任何形式的政府干预和产业政策；[2] 另一派受芝加哥学派的影响，推崇所谓新结构经济学，主张发展中国家应该从本国的资源禀赋结构出发，发挥其比较优势，形成相应的产业政策；总体上都应该从发展劳动密集的低端产业入手，再逐步从低端产业升级为资本密集和技术密

---

① 参见 Pierre Bourdieu, *The Logic of Practice*, Stanford, CA: Stanford University Press, 1990, p. 112-113, 120-121.

② 参见张维迎：《市场的逻辑》，上海人民出版社 2010 年版；张维迎：《产业政策争论背后的经济学问题》，《学术界》2017 年第 2 期；张维迎：《重新理解企业家精神》，海南出版社 2022 年版。

集的高端产业。① 不难想象，这两大主流学派对改革开放之前30年的中国经济发展模式都持否定态度。奥地利学派自不必说，他们认为实行中央集权和计划经济意味着剥夺"个人自由"，等同于所谓"通往奴役之路"。新结构经济学者也认为，中国从20世纪50年代开始所追求的以重工业为主的发展战略，不符合当时中国的资源禀赋结构，违背了比较优势理论；所以，在他们看来，中国改革开放前30年的经济发展是失败的。其主要论据是中国的人均国民生产总值到20世纪70年代末还不到200美元左右，故而认为当时的中国处在最不发达国家的行列，甚至不如非洲最贫穷的国家。②

诚然，改革开放前30年中国的经济增长过程中有很多值得吸取

---

① 参见林毅夫：《新结构经济学——重构发展经济学的框架》，《经济学（季刊）》2010年第10卷第1期；林毅夫、付才辉：《比较优势与竞争优势：新结构经济学的视角》，《经济研究》2022年第5期。

② 部分学者认为，1978年改革开放之初，中国是世界上最贫穷的国家之一。按照世界银行的统计指标，1978年我国人均GDP只有156美元，一般认为撒哈拉沙漠以南的非洲是世界上最贫困的地区，但1978年撒哈拉沙漠以南的非洲国家人均GDP是490美元（参见蔡昉、林毅夫、张晓山、朱玲、吕政：《改革开放40年与中国经济发展》，《经济学动态》2018年第8期）；或认为，在1978年时，我国人均收入水平连撒哈拉沙漠以南的非洲国家平均收入的1/3都没有达到（参见林毅夫：《中国经济改革成就、经验与挑战》，《企业观察家》2018年第8期）。实际上，据世界银行统计，1976年中国人均GNP为410美元，高于当年低收入国家的平均水平150美元（参见The World Bank, "*World Development Report*", Washington, DC：The World Bank, 1978, p. 77）；1977年为390美元，高于低收入国家的平均水平170美元（参见The World Bank, "*World Development Report*", 1979, New York：Oxford University Press, 1979, p. 127）；1978年为230美元，高于低收入国家的平均水平200美元（参见The World Bank, "*World Development Report*", Washington, DC：The World Bank, 1980, p. 111）；1979年为260美元，高于低收入国家的平均水平230美元（参见The World Bank, "*World Development Report*", Washington, DC：The World Bank, 1981, p. 134）；1980年为290美元，高于低收入国家的平均水平260美元（参见The World Bank, "*World Development Report*", New York：Oxford University Press, 1982, p. 110）。人民币与美元的官方汇率历年有所调整，每年的统计口径并不一致，但中国在20世纪70年代后期的经济发展水平高于低收入国家的平均水平是没有疑问的。

的经验教训。到 20 世纪 70 年代后期，相对于工业化已经得到较大发展的"四小龙"，中国的人均生活水准处于较低的水平。原因在于前文提及的转移农业经济剩余和压缩城市人口消费两大财政汲取主渠道，在确保最大程度地汲取经济资源用于工业化基础建设的同时，也在一定程度上影响了民众生活水准的提升。就宏观经济战略而言，仅仅在收权与放权之间寻求最优方案，有时并不能收到预期的成效。放权之后一些地方企业的盲目上马、无序生产和画地为牢的市场限制，导致资源的浪费；而一些管理体制的过度集权和各种经济计划本身存在的某种程度的主观性，同样会削弱基层的经济活力。但是要全面客观地评价中国改革开放前 30 年的经济发展，也要看到被奥地利学派和新结构经济学派刻意忽略的几个最基本事实。首先，到 20 世纪 70 年代末，中国已经建成工业门类基本齐全、可自我持续、独立自主的现代工业体系。其次，到 20 世纪 70 年代末，中国大部分地区已经基本完成大规模农田改造和水利建设，耕种方式也朝着使用良种、化肥、农药和农业机械等所谓"绿色革命"的方向稳步迈进。① 再者，小学和初中教育在所有城市与大部分农村地区得到普及，国民教育水平稳步提高。最后，到 20 世纪 70 年代末，随着乡村医生队伍的扩大，农村基层的合作医疗卫生事业有了长足发展；反映国民生活质量的最重要指数，即人均预期寿命，从 20 世纪 50 年代初的 40 岁左右，上升到 1980 年的 64 岁，超过所有低收入国家，甚至也超过了绝大多

---

① 参见 Joshua Eisenman, *Red China's Green Revolution：Technological Innovation, Institutional Change, and Economic Development Under the Commune*, New York：Columbia University Press，2018。

数中等收入国家。① 上述成就，使改革开放前夕的中国与其他发展中国家拉开了距离，也为改革开放以来中国经济的全面腾飞奠定了坚实的基础。那种只关注后来经过调整的官方汇率所体现的人均国民生产总值，而忽视当时中国经济和社会所发生的实质性变化，对中国综合国力和经济社会发展水平的整体性进步视而不见的研究，恐怕不仅仅是因其方法论有缺失或者视角有偏差的问题。

总之，对于改革开放前 30 年中国经济发展战略的观察和研究，须以一种历史的、全面的视角加以评估，不宜简单地以市场经济条件下（尤其是西方资本主义世界贸易体系内部）用来识别各经济体发展路径和经济增长水平的两个简单尺度（即是否符合比较优势以及人均 GDP 水平高低）来加以衡量。

中国奇迹何以可能：改革开放的动因与轨迹

地缘格局的变化是改革开放的前提和契机。进入 20 世纪 70 年代以后，尤其是到 20 世纪 80 年代，中国的外部环境大为改善，发展战略也随之发生重大调整。外部环境的改善体现在两个方面：首先，中国充分利用美苏之间的对抗，加速本国发展。1972 年，时任美国总统尼克松访华后，中美关系走向缓和，1979 年中美正式建立外交关

---

① 参见 The World Bank，"*World Development Report*"，New York：Oxford University Press，1982，p. 150；张震：《1950 年代以来中国人口寿命不均等的变化历程》，《人口研究》2016 年第 1 期。

系，在共同应对苏联威胁的基础上，中美两国结成合作关系，进而形成了中、美、日、西欧"一条线"的外交布局，为改革开放并在随后的一二十年间，中国经济快速融入西方主导的世界经济体系铺平了道路。20世纪80年代后期，中国改善了同苏联的关系，缓和了两国边界地区的紧张局势。1991年底，苏联解体，来自北方邻国的军事威胁不复存在。中国的地缘政治环境进入了自鸦片战争以来最为有利的时期。其次，另一个外部环境改善的表现是在对外经济交往方面。到20世纪80年代，中国周边的"四小龙"已基本完成从劳动密集型产业向资本密集型产业的转型升级，亟须将低端产业转移到劳动力更为低廉的其他地区。而中国内地由于与其地理位置邻近，又为吸引外资提供了大量优惠政策，成为"四小龙"低端产业外移的理想之地。

这两个因素的叠加，极大影响和改变了中国经济发展战略和增长路径。首先，外来压力的大幅减轻致使中国经济发展战略发生重大调整，重工业和国防工业不再是国家的投资重点。大量军工企业实行"军转民"，并且下马了一批研发周期长、投入巨大的军事和民用科研项目。最直观的表征是中国的国防支出急剧下降，从1979年的近222.64亿元，下降到1981年的167.97亿元，此后一直到1988年，均没有突破1979年的水平，[1] 这在和平年代极为罕见。当时中国经济增长的重点，转移到那些能够充分利用廉价劳动力优势、投资少、见效快、主要面向海外市场的低端制造业上。从某种意义上来说，从

---

[1]　参见国家统计局国民经济综合统计司：《新中国五十五年统计资料汇编》，中国统计出版社2005年版，第100页。

20 世纪 80 年代到 21 世纪初，中国内地基本上借鉴了"四小龙"的发展经验，也就是以沿海地区的一系列经济特区为先导，大力发展劳动密集型的乡镇企业和外资企业，对外贸易和外来投资成为经济增长的主要驱动力。2001 年加入世界贸易组织之后，中国各行各业加快发展步伐，全面融入全球产业链以及由西方国家所主导的世界贸易和金融体系。在此过程中，国内劳动者的就业机会大幅增加，收入水平快速上升；中国的产业结构，尤其是商品出口结构，也逐步实现了从以劳动密集型的低端产品为主，向以资本和技术密集的机械电子产品为主的转型。而这一切改变的发生，都是以中国的地缘格局和发展战略的重大调整为前提的。

提高财政能力是经济体制改革的原初动力。20 世纪八九十年代，中国的经济体制也发生根本转型，即从原先高度集中的计划经济体制，过渡到社会主义市场经济体制。这一转型背后的驱动力并非来自外部，而是源自内部，主要体现为政府与企业间关系的问题以及企业内部的经营管理机制问题，而中央政府的财政问题又是其中最为关键的促发因素。在改革开放前 30 年以及改革开放初期，中央财政的主要来源是国有企业上缴的利润和税款；随着基础设施建设规模的扩大，新项目不断上马，企业上缴的利润和各项工商业税收也逐年增加。1979 年以后，尽管国防开支大幅下降，但中央的财政支出总额急剧上升，主要是由于用于基础设施建设和改善民生的投入大幅增加，其中包括用于提高农产品收购价格和增加城市职工的工资收入等。1979 年以后财政支出的快速增加改变了原来收支大体平衡、甚至略有盈余的状态，出现了一定的财政亏空。1979 年出现亏空达

135. 41 亿元（收入为 1146. 38 亿元，开支达 1281. 79 亿元）。[1] 正是在这样的背景下，国有企业迈开改革的第一步，即扩大企业自主权。具体做法是在国有企业中实行利润留成的政策，即上缴利润包干、超额分成，改变原来企业净收入全部上缴的做法。这一改革措施为企业追求更高利润提供了动力，但每家企业的利润分成比例各不相同，这不仅易使企业与国家之间讨价还价，而且在执行过程中企业"负盈不负亏"，不同利润率的企业之间苦乐不均，因此并不能产生持久增加中央财政收入的效果。中央财政收入在 1980 年和 1981 年短暂好转之后，再度出现了亏空，而且亏空逐年扩大。因此，从 1983 年开始，政府深化国有企业改革，推行"利改税"，将原来的利润分成改变为征收所得税，并且以此为契机，进一步扩大企业自主权。这一改革措施同样只带来短暂的收效，不久就凸显出"鞭打快牛"的弊端，即企业的利润率越高，税收负担也越重，导致企业失去盈利的积极性，从 1985 年下半年开始出现连续 22 个月的利润下降趋势。[2] 国家财政亏空也因此加大，从 1985 年的略有盈余，到 1986 年亏空82. 9 亿元，1988 年亏空 133. 97 亿元，1989 年亏空 158. 88 亿元。[3] 为了缓解财政困难，中央于 1987 年在大中型国有企业中推广经营承包责任制，以财政大包干的形式，激发地方政府和国有企业的经营活力，但依然无法解决"负盈不负亏"的问题。中央财政收入并不能

---

① 参见国家统计局国民经济综合统计司：《新中国五十五年统计资料汇编》，中国统计出版社 2005 年版，第 104 页。

② 参见武力主编：《中华人民共和国经济史》，中国时代经济出版社 2010 年版，第 781 页。

③ 参见国家统计局国民经济综合统计司：《新中国五十五年统计资料汇编》，中国统计出版社 2005 年版，第 104—105 页。

随着经济增长而水涨船高，在全国各级财政总收入中所占的比重逐步下降，到 1992 年只占 28.1%。[①]

正是在既有改革思路难以取得显著成效的状态下，中国的财政和经济体制改革迈出了最为关键的几步，从而形塑了随后几十年中国的财政能力、经济增长路径乃至每个国民的命运。其一是在 1993 年推行中央与地方政府之间的分税制，终结了过去中央与各地为了地方财政大包干而一对一谈判的做法。关税、中央企业所得税、消费税等归中央，增值税的 75% 归中央、25% 归地方；营业税、城镇土地使用税、土地增值税、国有土地有偿出让收入归地方。中央财政自此有了制度保障，收入水平直线上升，从 1992 年仅仅相当于地方财政收入的 39% 上升至 1994 年达到地方财政收入的 126%，此后基本保持超过地方财政的水平。其二是与分税制相配套的、触及国有企业根本问题的产权制度改革。为了彻底改善国有企业在经营承包过程中国有资产流失、负债占比上升的问题，从 1994 年开始，中央对所有国有企业实行"抓大放小"的政策，即重点扶持 1000 户大型国有企业，使其建立现代企业制度；而绝大多数中小企业则容许兼并、拍卖、出售或者破产，从 1998 年到 2001 年，整个过程历时三年基本完成。中国工商企业的所有制结构，由此发生了根本的转变；就企业数量和职工总数而言，民营企业已经取代国有企业成为中国城市经济的主体。其三是在 1994 年推动住房商品化、社会化改革，以取代计划经济年代的住房实物分配。一方面，这一政策与分税制相结合，刺激了房地产

---

① 参见武力主编：《中华人民共和国经济史》，中国时代经济出版社 2010 年版，第 868 页。

业的迅速发展，使之成为继乡镇企业及外资外贸之后，中国经济快速发展的重要引擎。另一方面，一些地方政府的财政收入来源越来越依靠土地拍卖和出让，形成所谓土地财政；但与此同时，强大的财政能力使地方政府推动大规模的城市基础设施建设成为可能，进而极大地改变了各地城市的面貌。

广泛的社会共识是改革开放取得成功的政治保障。改革开放40余年来，中国创造了一个又一个经济奇迹：制造业规模迅速扩张，促使中国产品席卷全球市场；政府财政能力的剧增，推动全国各地的城市面貌和全国范围内的基础设施发生天翻地覆的变化；住房的商品化和房地产业的迅速发展，带来居民个人资产的快速增长。但中国的奇迹不仅仅限于经济层面，在经济蓬勃发展、城市化进程加快的同时，中国还创造了社会长期稳定的奇迹。改革开放时期的中国之所以能够维持总体稳定，关键在于改革措施使得社会各阶层都能从改革中获益，在全社会范围内形成了拥护改革的广泛共识。最先从中获益的是亿万农民，通过推行家庭联产承包责任制，农业生产产量迅速增加，解决了温饱问题，亿万农民继而涌入遍地开花的乡镇企业，或者加入民工大潮、或者自行创业，拓宽收入渠道，走上了致富道路。改革开放初期国有企业奖金发放机会的增加和工资收入的提高，也给城市职工带来实惠。但改革的最大受益者，无疑是在下海经商大潮和国有企业自主经营以及改制过程中涌现出的一大批企业家。国有企业职工虽然在改制中丢失了"铁饭碗"，但随后实施的再就业工程以及养老保险和基本医疗保险制度，解决了绝大多数下岗工人的生计问题。而住房制度的改革，则使绝大多数城市居民成为商品房的拥有者，并随着房价的快速上涨和个人资产的增长而加入城市中产阶级的行列。房地产业的快速发展，在给地方政府带来大量财政收入的同时，也使大规模城市建设成为可能，极大地改善了城市居民的生活体验。总之，城乡居民生活条件的显著改善，构成了改革开放以来社会政治稳定的重要基础。

毋庸置疑，改革开放40余年来中国经济社会快速发展，但也出现了很多亟待改善的问题，诸如城乡之间、地区之间经济发展的不平衡，收入分配差距的扩大，环境污染问题的加重，贪污腐败现象频发，等等，均引起广泛的社会关注，也构成了近一二十年来政府治理的重点和难点。但总体而言，改革开放以来的40多年无疑是中国自近代以来经济发展最为稳健、国力增长最快、国民生活质量改善最为显著的时期。而地缘格局的改变、财政能力的提高和支持改革的广泛社会共识，则共同构成了中国奇迹的最有力支撑。

历史与启示：大国竞争条件下的现代化道路

大国竞争的战略机遇。从清朝到民国时期，再到中华人民共和国成立，在大国博弈的过程中保持疆域完整，并在原有疆域的基础上建立和捍卫一个全新的主权国家，是中国国家地缘战略的最高目标。要实现这一目标，自然需要经济、财政和军事实力的支撑。但准确判断地缘政治形势，把握时机、在最大程度上利用机遇，对于实现这一战略目标也至关紧要。在近三百年的国家转型过程中，中国大致经历了五次这样的机遇期。抓住这些机遇，对中国建立和维持大国地位并获取竞争优势，起到关键作用。这五次机遇依次如下。

（1）18世纪40年代中后期，准噶尔汗国相继发生瘟疫和争夺汗位的内斗。汗国内部举足轻重的上层人物阿睦尔撒纳投奔清朝，在阿睦尔撒纳的建议和引导之下，1755—1757年，乾隆派兵大举西征，历时三年，彻底消灭了准噶尔汗国，消除了自康熙以来近70年间清朝安全面临的最严重威胁，使清朝的疆域实现了对所有边疆地区的全覆盖；东北的满洲，北部的内外蒙古，西部的新疆，西南部的西藏，连成一片、不留缺口，为京师和内地的安全构建了坚固的屏障，自此形成了清朝对周边所有邻国的强势地位，边患基本消除，在随后近一个世纪基本不存在任何直接的外来威胁。

（2）19世纪70至80年代，来自英法等欧洲传统大国的直接威胁逐步消退，而来自日本的严峻挑战尚未到来。晚清统治精英，以曾国藩、左宗棠、李鸿章等为代表的所谓中兴名臣，抓住这个难得的窗口期，发起"洋务运动"。清朝的财政收入结构由此发生转型，财政资源快速扩张，国防实力大幅提升。正是依靠新形成的财政军事实力，清廷大举西征，成功收复被中亚浩罕汗国军事势力霸占多年的新疆大部分地区，继而向俄国提出收回伊犁，构成"同光中兴"的最大亮点。晚清时期，中国虽然屡遭外患，但大体上能够维系陆地边疆的基本完整，避免了国土走向四分五裂的局面。

（3）第二次鸦片战争以后，对中国构成最严重地缘威胁的始终是日本和俄国。但是在20世纪20年代，进入"大正民主"时代的日本放缓了侵略中国的脚步。与此同时，成立不久并处在孤立状态的苏俄政权，急需改善对华关系。崛起于广州的国民党势力，利用这一难得的机会，以一个对俄友好的政权取代敌视苏维埃的军阀政权，借助苏俄提供的军事财政援助，趁势而起，统一了广东全省，继而挥师北上，仅用短短两年时间，完成北伐，终结了军阀割据的局面。

（4）1945年，日本宣布无条件投降，苏联红军出兵东北，击溃日本关东军，占领东北全境。中共中央根据形势提出"争取东北"的战略方针，把解放东北放在最优先位置，及时将革命势力的重心，从土地贫瘠、人口稀少、财政匮乏的西北地区，转移到物力和人力资源充沛的东北三省，从而为打赢内战、解放全中国奠定了物质基础。

（5）20世纪70至80年代，中国利用美苏之间的矛盾，改善中美关系。从1972年尼克松访华，到1979年中美正式建交，中美两国联手日本和西欧等国，共同应对来自苏联的威胁。1991年底，苏联解体。中国的外部环境进一步改善，2001年，中国加入世界贸易组织，中国经济加快融入世界经济体系的步伐。与此同时，中国还抓住"四小龙"产业升级、亟须将低端制造业向外部转移的机会。吸引外资的优惠政策众多、劳动力供给充足且价格低廉的中国内地，成为其产业转移的最理想场所。中国产品借助外贸、外资两大渠道，全面涌入全球市场。中国的制造业和实体经济加快发展，自2010年起，中国稳居全球制造业第一大国。

能否抓住机遇、及时调整战略，决策者的全局思维和决断能力至关重要。在上述五个战略窗口期，起关键作用的决策人物，分别是以"十全武功"自居的乾隆帝，"中兴名臣"曾国藩、左宗棠、李鸿章等，中国民主革命的先行者孙中山，中华人民共和国开国领袖毛泽东，以及改革开放总设计师邓小平。他们在瞬息万变的局势中，审时度势，及时形成重大战略决策，在奠定中国疆域格局和大国地位及走向富强的战略转型中发挥着关键作用。而缺乏宏观战略眼光，只着眼于既得利益集团的局部利益和一时的得失，则会使决策者在机遇面前犹豫不决，选择退缩或不作为，甚至逆其道而行之。

如果说改革开放以来的 40 多年，中国利用前所未有的战略机遇，实现了经济社会的巨大变革和整体国力的大幅提升的话，那么，从 21 世纪 20 年代至 40 年代的 30 年，中国则面临前所未有的挑战。对西方大国而言，中国在国际体系中扮演的角色已经发生改变，从过去全面融入由西方所主导的世界经济体系，并从现存国际经济贸易和金融秩序中获得巨大利益的国家，转变为可能颠覆西方发达国家在现存世界秩序中支配地位的挑战者。阻扰、遏制中国在科技、军事和经济上的全面崛起，限制中国的地缘政治影响力，将是今后几十年大国竞争的主轴。中国要成功地应对这些挑战，应从过去的被动等待战略机遇期，转变为利用不断增长的竞争实力，主动创造机遇，从关键环节着手，实现地缘战略格局的突破，从而牢固建立在东亚地区的区域性竞争优势。而这一地缘战略目标最终能否实现，则亟待进一步提高经济、财政和军事实力的整体水平，以及在后工业化和后城市化阶段形成的全新的社会构成和利益格局基础上，打造范围更广和水平更高的政治认同。

大国转型的财政支撑。大国竞争，拼的是各自的财政军事实力。清朝和民国时期的中国，之所以能够在若干历史节点上抓住机遇，实现特定时期的战略目标，在国与国之间或国内竞争对手之间，建立战略优势，关键在于他们形成了超过对手或者足以遏制竞争对手的财政军事能力。清朝的实力首先体现在其超大规模的经济和人口。虽然清朝的税率并不高，其田赋占土地产出的比率，在同时代世界各国中处于最低水平，但其纳税田亩较为庞大，足以产生能够满足朝廷各项常规国用的财源，并且由于财政收入长期大于财政支出，经过数年积累形成数额庞大的财政盈余，足以支付非常规开销，这是清朝财政能力较强的关键原因。但清朝的财政构造有其弱点，即大而不强。虽然18世纪清朝的财政规模庞大，但这种以传统农业为主要税源，并且税率固定不变的财政构造，缺少可扩张性。从嘉庆开始，清朝面临的内忧外患不断，先后有白莲教起义和太平天国运动，中间经历两次鸦片战争，常年用兵，开销剧增。原先静态的、固定的财政军事构造，已经不足以应付新的挑战。只有从根本上改造其财政构造，才能避免清朝走向衰亡的命运。

19世纪60年代初至90年代初，晚清中国呈现历时约30年的"同光中兴"局面，内忧外患一时得以解除，成功维持清朝疆域的基本格局。"同光中兴"的关键，在于晚清政权的财政构造在这几十年间发生了根本性的变革。通过起征厘金、增加关税等措施，中央财政收入在19世纪60至80年代增加了一倍左右，从原来的以田赋为主、缺乏弹性的财政构造，转型为以商业税为主、充满扩张潜能的全新构造，并辅之以新的近代财政杠杆。军队建制也打破了原有的绿营、八旗的兵种限制，走向多样化；武器装备和军事训练开始模仿西方，逐渐与世界同步。正是在这样的条件下，清朝才有能力收复新疆，并在中越边境与法国打成平手甚至占据上风。到19世纪80年代中后期，中国又呈现出了一个东方大国蒸蒸日上的气象，并且在引进西方科技、推进国防和教育现代化道路上，走在东亚各国的前列。[1] 1894 年中日甲午战争中国的失败，彻底颠覆了几十年的"同光中兴"局面。而战败的根本原因，除了军事体制自身的因素之外，最重要的是，晚清政权在"中兴"的表象中，失去了对潜在外来威胁应有的警觉，20 世纪 80 年代末、90 年代初，清朝的国防建设趋于停滞，武器装备水平日益落后。总结来看，晚清军事上的失败，主要是由于战略误判导致国防建设领域财政投入力度的严重不足。

相较之下，孙中山和蒋介石所领导的国民党势力，之所以能够在广东省异军突起，一路斩关夺隘，不仅因为其获得苏俄的大力援助；关键在于国民党政权在广东打造了一个高度集中化、制度化的财政体系，使其拥有了远远超出其他竞争对手的庞大财力，为其军事建制的扩大和扫除军阀的北伐行动提供了强有力的支撑。而国民革命军在占领长江中下游尤其是上海之后，又通过联手江浙财阀发行公债等措施，使其财力更上一个台阶。

但是，国民党在全国范围内建立了统治后，虽然挺过了抗战，却在随后的国共内战中走向全面溃败。究其原因，不仅是由于国民党南京政权的军事战略失误、指挥失当，更重要的原因在于其财力严重不足，远远无法满足庞大的军事和非军事开销。日本投降后，国民政府在财政上不仅要支撑一个庞大的全国范围的行政体系和文职人员队伍，而且要负担所有嫡系和非嫡系军队的一切开销。作为中央主要财

---

[1] 参见李怀印：《现代中国的形成：1600—1949》，广西师范大学出版社 2022 年版，第 136—140 页。

源的关税、盐税、统税，已经无法满足日渐膨胀的开销。国民党的财政政策最终只剩下一个选项，即无限制地印制、发行货币，结果导致通货膨胀和物价飞涨。军饷不足和物质匮乏，反过来导致军纪涣散、士气低落，战场上连连失利，最终走向失败。

与此呈现鲜明对比的是，中国共产党所领导的革命力量。党的七大，中共中央提出了"争取东北"的战略方针后，中国共产党领导的军事力量的重心从华北、西北战场转移到东北战场，在最终解放整个东北后，控制了当时全国工农业资源最为丰富、军事工业最为发达的东北三省，不仅奠定了雄厚的物质基础，还依托东北三省，在全国各根据地之间逐步形成高度集中、彼此有效协调的财政体系。此外，中国共产党作为一个革命性政党已经深深扎根于全国广大乡村，对农村基层政权建设进行了丰富的制度探索，通过土地改革所形成的强大动员力和凝聚力，为战场上的后勤支援提供了保障。

1949 年新中国成立后，经过前 30 年的经济建设，中国初步形成了门类较为齐全、具有自我持续能力的国民经济体系，为改革开放后 30 年的经济腾飞打下牢固的基础。改革开放以来，中国的经济结构脱胎换骨，经济总量迅速扩大，中央和地方政府的财政收入也水涨船高。改革开放 40 多年来，源源不断的财政投入使得全国各地的基础设施建设日新月异；国防建设和军事能力也随着预算的逐年增加而迈上新台阶。但是到 21 世纪一二十年代，传统的经济增长思路也将逐渐走到尽头；廉价而充沛的劳动力供给优势已经逐渐成为过去，自然资源和生态环境的承载能力面临巨大压力。随着经济增长速度的放缓，政府的财政增收也面临瓶颈。财政增收速度的放缓甚至停滞、下降，必然影响国家能力的继续提升。

在可以预见的未来，为提高中国包括国防实力在内的各个领域的竞争能力，首先需要突破财政瓶颈。而突破财政瓶颈的主要途径，不应该是像改革开放早期那样通过提高税率或开征新税来增强对现有经济资源的汲取力度，更不应该如同改革开放之前那样通过压缩民众的消费水平将更多资源转移到生产领域。增加政府财力的根本途径，应是把经济做大、做强。应该利用国内市场规模庞大和制造业门类齐全的优势，针对地区发展不平衡的特点，建立覆盖从下游到中、上游产品的完整产业链，形成一个在研发、生产、流通、消费等领域高度整合的国内大市场；虽然其从整体而言是一个国内市场，但因其内部产业链完备、市场规模庞大、生产总值较高，将构成与欧洲经济共同体和北美自由贸易区三足鼎立的世界级市场体系。在这个庞大的、自成体系的市场内部，发展重点应该是技术最复杂、利润率最高、税收贡献最大的上游产品。各部门、各产业的完整产业链以及上游产品的自主研发和制造能力的形成，将从根本上改变国内制造业大而不强的局面，降低国内高端产品制造业对国外技术的结构性依赖，减少跨国公司对国内各行业上游产品的设计制造乃至全产业链的控制，避免产业链的大部分利润流向境外。只有通过健全自主的产业链，完善税收和再分配机制，将流向境外的利润最大程度地转变为政府财源和劳动者收入之后，国内生产总值的增加才能真正造福全国人民。唯有如此，中国才能避免陷入困扰绝大多数发展中国家的中等收入陷阱。

打造高度自主可控的国内产业体系和形成完整的全国统一大市场，并不意味着中国经济与海外市场断链，甚至回到"闭关锁国"

的状态。只有在具备高端产品的自主研发和制造能力并牢固占据各产业链上游环节之后，中国产品在国际市场上的竞争力、市场份额和利润份额才会有实质性的进步；中国在全球经济贸易体系中的角色，才会从低利润产品的生产国，变成高利润产品的研发制造中心，才能在国际贸易规则的谈判和制订过程中拥有影响力和话语权，并且在国际金融和资本市场具有举足轻重的地位。

大国崛起的政治基础。政治认同，也就是人心向背，涉及行动主体对国家战略目标和大政方针的认可，攸关各方利益的满足和协调程度，对形成一个政权的对内治理能力和对外竞争能力，也至关重要。如果说，清朝前期地缘战略的根本调整和强有力的财政支撑，使"康乾盛世"的出现成为可能的话，那么，清朝在处理认同问题上的成败，很大程度上决定了其后半期的命运。清代的认同问题，始终是以满汉关系为主轴的。清廷对内地的治理，主要依靠儒家的仁政理念和文化笼络政策，藉此赢得汉人士子的认可和忠诚，总体上妥善处理了满汉关系。然而，反满的潜流始终存在于社会底层，一旦经济上出现问题，影响到民生，官民关系趋于紧张，反满势力就会从潜流变成一股汹涌澎湃的浪潮。太平天国运动从某种意义上说便是民间反满情绪爆发的结果。而清朝平息太平天国运动最有效的办法，便是抓住太平天国借用洋教起势的弱点，凝聚坚守本土儒家思想的汉人士绅的向心力，成功依靠汉人士绅自下而上的动员，平息了太平天国运动，并且在新崛起的汉人精英的主持下，迎来历时三十年的"同光中兴"。以曾国藩、左宗棠、李鸿章等为代表的一批"中兴名臣"在相当程度上控制了地方资源；他们对朝廷的态度，也由过去在满族统治者

"家天下"理念下的无条件忠诚，变成有条件忠诚。他们可以凭借手中的行政、财政乃至军事资源，与中央讨价还价。最终，当满清贵族以"新政"为借口，试图垄断中央的财权、军权和政权，而因此侵害了汉人精英集团的核心利益时，清朝便也失去了维持其统治的重要基础，不可避免地走向崩溃。处理政治认同问题的失败，是清朝灭亡的根本原因。

反观国民党政权的崩溃，也有多方面的原因。首先，日本投降后的战略格局和各方军事部署，从一开始便不利于国民党政权的发展。从日本投降到国共内战的全面爆发，过渡期仅有 10 个月左右，这使得国民党政权缺乏足够的时间进行集中化和制度化的财政体系建设并整合与部署整个军事体系。因此，在匆忙接受日本投降、接管全国之后，国民政府的财政能力无法支撑全国范围内庞大的军公教体系。而薄弱的财政能力，必将导致军官拖欠军饷、贪腐成风，进而影响到官兵的士气和战斗力。此外，伴随财政破产出现的通货膨胀也使得依靠工薪维持生计的城市平民和精英阶层对国民党政权普遍失去信心。

强大的财政军事能力与政治认同，是维持国家能力、实现国家战略目标的两大支柱，二者密不可分。在财政军事能力吃紧时，如果能够妥善处理认同问题，凝聚人心、汇聚力量，则可以弥补财政军事能力的不足。日本投降之后，国民党精英阶层只忙于分肥，无视民生问题，忽视加强财政军事能力的制度化建设。随之而来的财政破产，不仅严重削弱了国民党政权的军事能力，也使得普通士兵和民众对国民党政权失去信任和认同，财政军事与政治认同的双重失败最终导致了国民党政权的溃亡。

相比之下，中国共产党领导的革命力量之所以能够取得成功，不仅是因为"争取东北"战略方针的提出和实施使其在地缘战略上先胜一筹，从而具备了与国民党政权展开全面对抗的物质基础和财政军事能力，还因为其有效增强了中国人民的政治认同。高度的政治认同为中国共产党领导的革命力量提升财政军事能力，提供了坚实的保障和支撑。

新中国成立以后，中国人民高度的政治认同仍然是中国共产党领导的人民政权的重要优势。在财政军事能力有待建设和提高的背景下，这种认同优势，对于新中国的财政军事能力建设起到了有效的补充、保障作用。为了增强国家的资源动员能力和财政汲取能力，政府首先在农村实现了农产品的统购统销，进而组织千百万户农户加入互助组、初级社和高级社。中国农民在高度认同新政权的基础上，积极参与统购统销和农业合作化运动。此外，由于中国人民对国家发展目标的高度认可，城市工商业的社会主义改造运动也得以顺利开展。总之，20世纪50年代，依托于全民对国家的高度认同，中国成功地建立了具有高度渗透和汲取能力的行政和财政体系。其集中化、制度化程度，不仅超过了清朝和民国的任何时期，与近代欧洲和日本的现代国家建设水平相比也表现出较大优势。高度的政治认同和强大的财政汲取能力相辅相成，共同促成了这一发展局面。

然而，凡事过犹不及。较高的财政集中度和强大的财政汲取能力，在保障国家能力提升的同时，也会在一定程度上影响民众生计所需的获得感。这是绝大多数乡村和城市居民在20世纪80年代支持改革开放的根本原因。而 20 世纪 50 年代开始的各种运动，在致力于打造政治认同的同时，也使得现实同民众的期盼之间产生了一定差距。这是 20 世纪 70 年代后期和 80 年代初中国走向改革开放的重要背景之一。

20 世纪 80 年代以来，中国的改革开放之所以能够"摸着石头过河"，就是通过试错摸索规律、寻找路径的改革，成功地实现了经济和社会的巨大转型。除了有利的外部环境，主要原因还在于各项改革措施的出台都获得了全社会的广泛认可，城乡各阶层均成为改革的受益者。然而，随着各项改革措施的持续深入，各项事业取得长足进步的同时，也出现了城乡区域发展和收入分配差距拉大的现象，这会在一定程度上影响改革共识的凝聚。不过，与绝大多数发展中国家不同的是，在中国推动所有制结构走向多元化的过程中出现的各种新兴利益集团，并未强大到足以支配国家层面的经济发展战略和方针政策的形成过程，各项改革措施仍将稳步推进。近一二十年来一系列有利于改善民生的政策、措施的次第出台，有助于提高全体劳动者的整体收入水平并改善全体人民的生活品质。展望未来，要维持和增进民众对国家战略目标的信心及方针政策的认同，关键在于推动经济实力大幅跃升，促进经济高质量发展取得新的突破，增加就业机会、促进高质量充分就业，努力提高人民收入水平。始终坚持发展才是硬道理、聚精会神搞建设、杜绝"不作为、慢作为、乱作为"等问题，依然是保持经济增长、维持社会和谐稳定、增强国家竞争力的根本途径。

参考文献

国家统计局国民经济综合统计司：《新中国五十五年统计资料汇编》，中国统计出版社 2005 年版。

武力：《中华人民共和国经济史》，中国时代经济出版社 2010 年版。

张维迎：《市场的逻辑》，上海人民出版社 2010 年版。

沈志华：《冷战的再转型：中苏同盟的内在分歧及其结局》，九州出版社 2013 年版。

李怀印：《现代中国的形成：1600—1949》，广西师范大学出版社 2022 年版。

张维迎：《重新理解企业家精神》，海南出版社 2022 年版。

林毅夫：《新结构经济学——重构发展经济学的框架》，《经济学（季刊)》2010 年第 10 卷第 1 期。

张震：《1950 年代以来中国人口寿命不均等的变化历程》，《人口研究》2016 年第 1 期。

张维迎：《产业政策争论背后的经济学问题》，《学术界》2017 年第 2 期。

蔡昉、林毅夫、张晓山、朱玲、吕政：《改革开放 40 年与中国经济发展》，《经济学动态》2018 年第 8 期。

林毅夫：《中国经济改革成就、经验与挑战》，《企业观察家》2018 年第 8 期。

林毅夫、付才辉：《比较优势与竞争优势：新结构经济学的视角》，《经济研究》2022 年第 5 期。

Paul Kennedy, *The Rise and Fall of the Great Powers*, New York：Random House，1987.

Charles Till, *Coercion, Capital, and European States, 990-1992*, Cambridge, MA：Blackwell Publishing，1990.

John Mearsheimer, *The Tragedy of Great Power Politics*, New York：W. W. Norton，2014.

John Brewer, *The Sinews of Power：War, Money and the English State,*

1688-1783, London：Routledge，1989。

Karen Rasler and William Thompson, *War and State Making：The Shaping of the Global Powers*, Boston：Unwin Hyman，1989.

Brian Downing, *The Military Revolution and Political Change：Origins of Democracy and Autocracy in Early Modern Europe*, Princeton University Press，1992.

Thomas Ertman, *Birth of the Leviathan：Building States and Regimes in Medieval and Early Modern Europe*, Cambridge University Press.

Jan Glete, *War and the State in Early Modern Europe：Spain, the Dutch Republic and Sweden as Fiscal-Military States*, London：Routledge，2002.

Christopher Storrs, ed., *The Fiscal-Military State in Eighteenth-Century Europe：Essays in Honor of P. G. M. Dickson*, Burlington：Ashgate，2009.

Richard Doner and Ben Schneider, *"The Middle-Income Trap：More Politics and Economics"*, World Politics，2016，68（4）.

Pierre-Richard Agenor, *"Caught in the Middle? The Economics of Middle-Income Traps"*, Journal of Economic Surveys，2017，31（3）.

W. W. Rostow, *The Stages of Economic Growth：A Mon-Communist Manifesto*, Cambridge University Press，1960.

Marion J. Levy Jr., *Modernization and the Structure of Societies：A Setting for International Affairs*, 2 vols, Princeton University Press，1966.

Gabriel Almond and G. Bingham Powell, Jr., *Comparative Politics：A Developmental Approach*, Boston：Little, Brown，1966.

Alex Inkeles and David Smith, *Becoming Modern：Individual Change in Six Developing Countries, Cambridge*, MA：Harvard University Press，1974.

Pierre Bourdieu, *The Logic of Practice, Stanford*, CA：Stanford University Press，1990.

The World Bank, *"World Development Report"*, Washington, DC：The World Bank，1978.

The World Bank, *"World Development Report"*, 1979, New York：Oxford University Press，1979.

The World Bank, *"World Development Report"*, Washington, DC：The World

Bank, 1980.

The World Bank, "*World Development Report*", Washington, DC: The World Bank, 1981.

The World Bank, "*World Development Report*", New York: Oxford University Press, 1982.

Joshua Eisenman, *Red China's Green Revolution: Technological Innovation, Institutional Change, and Economic Development Under the Commune*, New York: Columbia University Press, 2018.

强国建设、民族复兴的历史逻辑、现实建构与未来旨归

林建华[*]

无论是在人类社会、人类文明的历史演进中，还是在当今时代、当今世界的现实环境中，中国都是一个独特的存在、一道独特的景观。历史是向前发展的，但历史并不是线性前行的。中国出现过盛世和治世，也出现过衰世和乱世。魏源把以史经世作为《圣武记》的核心内容，"一喜四海春，一怒四海秋"是这部著作对清朝这个"天朝大国"的形象描述。1840 年鸦片战争的爆发，使历史长河出现了急转弯，中国逐步成为半殖民地半封建社会。国家蒙辱、人民蒙难、文明蒙尘，是中国"三千年未有之大变局"的主要特征。"四万万人齐下泪，天涯何处是神州？"是中国仁人志士发出的"天问"。但是，他们没有找到"天问"的答案，也就没有找到中国的出路。毛泽东同志指出，"领导中国民主主义革命和中国社会主义革命这样两个伟

---

* 林建华，中国社会科学院马克思主义研究院副院长、教授、博导。

大的革命到达彻底的完成，除了中国共产党之外，是没有任何一个别的政党（不论是资产阶级的政党或小资产阶级的政党）能够担负的。而中国共产党则从自己建党的一天起，就把这样的两重任务放在自己的双肩之上了"①。此即谓"铁肩担道义，妙手著文章"。中国共产党没有辜负中国人民和中华民族的历史选择。一百多年前，中华民族呈现在世界面前的是一派衰败凋零的景象。今天，中华民族向世界展现的是一派欣欣向荣的气象。2022 年 10 月，在党的二十大报告中，习近平总书记指出："从现在起，中国共产党的中心任务就是团结带领全国各族人民全面建成社会主义现代化强国、实现第二个百年奋斗目标，以中国式现代化全面推进中华民族伟大复兴。"② 何谓强国？就是"到本世纪中叶，把我国建设成为综合国力和国际影响力领先的社会主义现代化强国"③。何谓复兴？其基本内涵就是国家富强、民族振兴、人民幸福。何以中国？强国建设、民族复兴。新时代新征程，"强国建设、民族复兴"必将成为当今中国社会政治生活中广泛使用的关键词、高频词。这是历史逻辑、现实建构和未来指向使然。

---

① 《毛泽东选集》第二卷，人民出版社 1991 年版，第 652 页。

② 习近平：《高举中国特色社会主义伟大旗帜　为全面建设社会主义现代化国家而团结奋斗——在中国共产党第二十次全国代表大会上的报告》，人民出版社 2022 年版，第 21 页。

③ 习近平：《高举中国特色社会主义伟大旗帜　为全面建设社会主义现代化国家而团结奋斗——在中国共产党第二十次全国代表大会上的报告》，人民出版社 2022 年版，第 25 页。

中华文明、中华优秀传统文化是中国的根和源

文明是全人类追求的共同价值；创造文明是全人类担负的共同责任。马克思主义的唯物史观认为，文明是一个历史的、实践的、整体的范畴，是人类认识世界、改造世界的积极成果，是人类社会发展到一定阶段的开化、进步状态和标志。习近平总书记指出："马克思主义极大推进了人类文明进程，至今依然是具有重大国际影响的思想体系和话语体系。"① 当今时代，致力于社会全面进步、避免片面发展，已愈益成为全人类的共识。在一般意义上，文化和文明指的都是人类的创造物，二者甚至可以作为同义语使用。但在实质意义上，文化是一个涵盖性更大、包容性更强的概念，可以有正向、负向、中性等不同指向，而文明的唯一指向则是进步，它深深地铭刻着积极成果的烙印。辩证地看，文化是文明的基础。正是基于此，习近平总书记指出："文化是民族生存和发展的重要力量。人类社会每一次跃进，人类文明每一次升华，无不伴随着文化的历史性进步。"②

"振叶以寻根，观澜而索源。"人猿相揖别，不过几千寒热。劳动创造了人，劳动创造了文化，劳动创造了文明。习近平总书记指出："我们对于时间的理解，不是以十年、百年为计，而是以百年、

---

① 习近平：《在纪念马克思诞辰 200 周年大会上的讲话》，人民出版社 2018 年版，第11页。

② 习近平：《在文艺工作座谈会上的讲话》，人民出版社 2015 年版，第2页。

千年为计。"① 从某种意义上说，时间观同时也是空间观，其基本内涵就是世界观、文明观、劳动观、奋斗观。

英国智库 Demos 创始人、伦敦经济学院亚洲研究中心高级研究员马丁·雅克认为，中国从来不只是一个国家，而是一个"伪装"成国家的文明。这一论断有一定的道理，但并不是完全准确的。从现实空间来看，中国陆地总面积约 960 万平方千米，海域总面积约 473 万平方千米，可谓地大物博。从时间维度来说，"中华文明探源工程等重大工程的研究成果，实证了我国百万年的人类史、一万年的文化史、五千多年的文明史"②，可谓历史悠久。黄帝、颛顼、帝喾、尧、舜"五帝"时代，中华文明从各区域同时独立并起，多线发展，相互影响；到夏商周三代，中华文明已进入早期发展阶段，并表现为以中原为核心的"多元一体"格局。在世界文明谱系中，中华民族和中国人民创造的中华文明是唯一赓续不断、绵延不绝的古老文明；中华民族和中国人民创造的中华优秀传统文化，是中华民族的根和魂。

中华民族和中国人民创造了以造纸术、指南针、火药、印刷术"四大发明"为主要代表的创新性智慧成果和标志性科学技术。中国古代，智慧、勤劳的中国人民有许多重要发明和创造，不胜枚举。关于中国古代对世界文明所作的最重要贡献，马克思指出："火药、指南针、印刷术——这是预告资产阶级社会到来的三大发明。火药把骑士阶层炸得粉碎，指南针打开了世界市场并建立了殖民地，而印刷术

---

① 《"我们对于时间的理解"》，《人民日报》2019 年 3 月 26 日。
② 《习近平在中共中央政治局第三十九次集体学习时强调　把中国文明历史研究引向深入　推动增强历史自觉坚定文化自信》，《人民日报》2022 年 5 月 29 日。

则变成新教的工具，总的来说变成科学复兴的手段，变成对精神发展创造必要前提的最强大的杠杆。"① 恩格斯也指出："一系列的发明都各有或多或少的重要意义，其中具有光辉的历史意义的就是火药和印刷术的发明。所有这些发明，都大大促进了当时手工业的发展。商业也以相同的步伐随着工业前进。"②

中华民族和中国人民创造了文字、创作了不朽经典名篇，凝成了中华传统文化。"世世代代的中华儿女培育和发展了独具特色、博大精深的中华文化，为中华民族克服困难、生生不息提供了强大精神支撑。"③ 在中华传统文化中，习近平总书记突出强调其中的优秀部分、优秀成分，指出，"中华优秀传统文化是中华民族的精神命脉"④。所谓中华优秀传统文化，是指在当今中国社会生活中依然能够发挥积极作用的传统文化。一种文化之所以成为传统文化，并不只是因为它历史久远，更是因为它历久弥新。在人类文明史上，中国是世界上保留历史记忆最为丰富的国家，浩瀚的历史文献是中华文明的表征，其包罗万象的内容是中华文明进步的印证。习近平总书记指出："我们的祖先在几千年前创造的文字至今仍在使用。2000 多年前，中国就出现了诸子百家的盛况，老子、孔子、墨子等思想家上究天文、下穷地理，广泛探讨人与人、人与社会、人与自然关系的真谛，提出了博大精深的思想体系。他们提出的很多理念，如孝悌忠信、礼义廉耻、仁

---

① 《马克思恩格斯全集》第 47 卷，人民出版社 1979 年版，第 427 页。
② 《马克思恩格斯全集》第 7 卷，人民出版社 1959 年版，第 386 页。
③ 习近平：《在文艺工作座谈会上的讲话》，人民出版社 2015 年版，第 2 页。
④ 《习近平主持召开文艺工作座谈会强调　坚持以人民为中心的创作导向　创作更多无愧于时代的优秀作品》，《人民日报》2014 年 10 月 16 日。

者爱人、与人为善、天人合一、道法自然、自强不息等，至今仍然深深影响着中国人的生活。"① 同时，"老子、孔子、墨子、孟子、庄子等中国诸子百家学说至今仍然具有世界性的文化意义"②。文字符号被公认为是人类文明起源的痕迹，成熟文字则是真正开启人类文明的记忆符号。《左传·襄公二十四年》曰："太上有立德，其次有立功，其次有立言。"四书五经、《史记》、《永乐大典》、《齐民要术》、《黄帝内经》、《梦溪笔谈》、《天工开物》、《甘石星经》等典籍，饱藏着取之不尽的文明智慧，深蕴着用之不竭的实践义理，是解开中华文明延续密码的历史文化钥匙。在党的二十大报告中，习近平总书记明确指出："中华优秀传统文化源远流长、博大精深，是中华文明的智慧结晶，其中蕴含的天下为公、民为邦本、为政以德、革故鼎新、任人唯贤、天人合一、自强不息、厚德载物、讲信修睦、亲仁善邻等，是中国人民在长期生产生活中积累的宇宙观、天下观、社会观、道德观的重要体现，同科学社会主义价值观主张具有高度契合性。"③ 这就是说，在中国历史上相继出现且没有在历史洗汰中消失的文化，铸就了具有创新、创造特质的中华优秀传统文化，并成为没有中断传承、延续发展至今的中华文明的有机组成部分。

中华民族和中国人民进行了古代制度文明建设的可贵探索。尧舜

① 习近平：《出席第三届核安全峰会并访问欧洲四国和联合国教科文组织总部、欧盟总部时的演讲》，人民出版社 2014 年版，第 41—42 页。

② 习近平：《出席第三届核安全峰会并访问欧洲四国和联合国教科文组织总部、欧盟总部时的演讲》，人民出版社 2014 年版，第 20 页。

③ 习近平：《高举中国特色社会主义伟大旗帜 为全面建设社会主义现代化国家而团结奋斗——在中国共产党第二十次全国代表大会上的报告》，人民出版社 2022 年版，第 18 页。

禹时期的禅让制，是中国制度文明建设的肇始，是由原始无序状态向有序状态发展转变的尝试。以夏商周的分封制为开端，先后建立郡县制、郡国并行制、三公九卿制、刺史制、三省六部制、行省制等政治制度；实行井田制、贡赋制、编户制、均田制、租庸调制、两税法、一条鞭法、摊丁入亩等经济制度特别是土地制度；实施世官制、察举制、九品中正制、科举制等选官用人制度；推行府兵制、募兵制、禁军制、猛安谋克制、八旗制等军事制度。这些制度，规范了各层级管理行为和全社会秩序，维系了国家权力正常运行，为促进经济发展、保持社会安定、推动文明教化、维护国家统一等发挥了重要作用。"周虽旧邦，其命维新。"荀子提出，"夫道者体常而尽变，一隅不足以举之"①。中国社会取得的巨大成就，与当时制度设计的先进性密不可分。中华优秀传统文化，包括丰富的哲学思想、人文精神、教化思想、道德理念等；特别是中国古代丰富的典章制度，涉及社会规范、文化制度、刑罚政令、行为方式等各方面，在今天仍然具有调治人心、惩恶扬善、保护生态等价值和意义，为人们认识和改造世界、治国理政提供了有益启迪。譬如，我国历朝历代都重视官吏选拔和管理，强调"为政之要，惟在得人""育才造士，为国之本"，并积累了丰富的、可资借鉴的治吏经验。"坚持有鉴别的对待、有扬弃的继承"②，择其善者而从之、其不善者而改之，古为今用、推陈出新，这是我们对待历史和文化应有的科学态度和正确做法。

---

① 《中国哲学史》编写组编：《中国哲学史》（第二版）上册，人民出版社2021年版，第149页。

② 《习近平谈治国理政》第二卷，外文出版社2017年版，第313页。

中华民族和中国人民很早就与其他文明进行对话和互鉴。张骞出使西域、鉴真东渡日本、郑和下西洋等，都是中华民族对外交往交流的积极活动，传递出"美美与共"的强烈情感。习近平总书记指出，"要尊重世界文明多样性，以文明交流超越文明隔阂、文明互鉴超越文明冲突、文明共存超越文明优越"①。这是因为，人类是一个整体。当今，我们提出"一带一路"倡议、推动共建"一带一路"高质量发展，倡导弘扬和践行全人类共同价值，推动构建人类命运共同体，与中华优秀传统文化中的天地人"三才"思想高度契合。人在促成天与地交合、天长地久中，具有极其重要的地位和作用。因此，要"让中华文明同世界各国人民创造的丰富多彩的文明一道，为人类提供正确的精神指引和强大的精神动力"②。

文化是一个国家、一个民族的灵魂。文化兴则国运兴，文化强则民族强。中华优秀传统文化是中华文明的结晶。习近平总书记指出，"中华优秀传统文化已经成为中华民族的基因，植根在中国人内心，潜移默化影响着中国人的思想方式和行为方式"③，"中国共产党人始终是中国优秀传统文化的忠实继承者和弘扬者"④。习近平总书记强调："如果没有中华五千年文明，哪里有什么中国特色？如果不是中国特色，哪有我们今天这么成功的中国特色社会主义道路？"⑤ 这是

---

① 习近平：《决胜全面建成小康社会　夺取新时代中国特色社会主义伟大胜利——在中国共产党第十九次全国代表大会上的报告》，人民出版社 2017 年版，第 59 页。

② 习近平：《出席第三届核安全峰会并访问欧洲四国和联合国教科文组织总部、欧盟总部时的演讲》，人民出版社 2014 年版，第 17 页。

③ 《习近平著作选读》第一卷，人民出版社 2023 年版，第 241 页。

④ 习近平：《论党的宣传思想工作》，中央文献出版社 2020 年版，第 83 页。

⑤ 《习近平谈治国理政》第四卷，外文出版社 2022 年版，第 315 页。

新时代中国共产党人的深刻思考。站在生生不息的五千多年中华文明的高度，新时代中国共产党人全面建设社会主义现代化国家、全面推进中华民族伟大复兴具有强大底气、历史主动和坚定自信。

中华民族、中国人民、中国共产党的伟大精神是中国的品格和气质

人民是历史的创造者，是真正的英雄。中华民族精神是由具有伟大精神的中国人民创造的，中国共产党的伟大建党精神是由具有伟大精神的中国共产党人创造的，它们共同构成了伟大的中国精神。中华民族、中国人民、中国共产党在历史洪流中屹立不倒并挺立潮头，赖于其在长期奋斗中培育、继承、发展起来的伟大精神，并以其伟大精神塑造了中国作为伟大国度的品格和气质。习近平总书记指出："中国人民的特质、禀赋不仅铸就了绵延几千年发展至今的中华文明，而且深刻影响着当代中国发展进步，深刻影响着当代中国人的精神世界。"①

中国人民具有伟大创造精神。这种伟大创造精神，就是中国人民在创造物质财富和精神财富的过程中，展现出来的辛勤劳作、精炼工艺、敢为人先和勇于创新的精神，其核心内容是辛勤劳作、发明创造，并具体体现为群星闪耀的诸子百家以及其他闻名于世的伟大思想

---

① 《习近平谈治国理政》第三卷，外文出版社 2020 年版，第 140 页。

巨匠；深刻影响人类文明进程的"四大发明"以及其他深刻影响世界的伟大科技成果；风雅颂、诗词曲以及其他震撼人心、广泛流传的伟大文艺作品；气势恢弘的伟大工程、有形无形的文化遗存。这种创造精神，实质上就是改革创新精神，并以此构成时代精神的核心内容。

中国人民具有伟大奋斗精神。这种伟大奋斗精神，就是诉诸改造世界的实干精神，这是一种笃行不息、勇往直前的坚韧执着，是一种不畏困难、超越自我的自由体验，是一种积极向上、指向未来的精神状态，其核心内容是革故鼎新、自强不息，并具体体现为开拓、开发了祖国的大好河山和辽阔海疆，开垦了物产丰富的广袤粮田、建设了星罗棋布的城镇乡村；治理了众多的大江大河、战胜了无数的自然灾害以及中国人民千百年来的生产生活。"天行健，君子以自强不息。"中国人民的伟大奋斗精神创造了昨天的成功，更是今后中国人民在中国大地上创造更加美好幸福生活的根本保证。

中国人民具有伟大团结精神。这种伟大团结精神，就是植根于中华优秀传统文化和中华文明的深厚土壤，不断展现出来的和衷共济、风雨同舟、共克时艰的崇高境界，同时也是中国共产党人的理想、信念、意志、品格及价值的高度凝练和集中表达，其核心内容是团结一心、同舟共济，并具体体现为56个民族多元一体、交织交融、"像石榴籽一样紧紧抱在一起"的中华民族共同体意识，具体体现为中华民族大家庭同心同德、守望相助。团结一心、同舟共济是中华民族一以贯之的文化基因和精神密码。"得众则得国，失众则失国。"团结统一始终被视为中华民族"天地之常经，古今之通义"。事成于和睦，力生于团结。中国人民的伟大团结精神如月之恒、如日之升，创造了昨天的发展进步，今后仍然是中华民族无坚不摧的动力源泉。

中国人民具有伟大梦想精神。这种伟大梦想精神，就是中国人民在五千多年中华文明的历史长河中对梦想不懈追求的品格，就是近代以来中国人民在革命、建设、改革和新时代的历史进程中形成的民族精神，其核心内容是心怀梦想、不懈追求，并具体体现为大同小康的理念、天下为公的情怀；勇于追求和实现梦想的执着精神；中国人民在自力更生的基础上光复旧物的决心、在世界百年未有之大变局中屹立于世界民族之林的气概。梦想引领未来。中国人民的伟大梦想精神自始至终都是中国人民凝聚成一往无前的磅礴伟力、中华民族进入不可逆转的历史进程、全面推进中华民族伟大复兴的坚强支撑。

2018 年 5 月 2 日，习近平总书记在北京大学师生座谈会上强调："我讲到中国人民的伟大创造精神、伟大奋斗精神、伟大团结精神、伟大梦想精神。这种伟大精神是一代一代中华儿女创造和积淀出来的，也需要一代一代传承下去。"[1] 其中，伟大梦想精神承载着独特的使命，是伟大创造精神的前行航标，是伟大奋斗精神的目标取向，是伟大团结精神的价值支撑。伟大创造精神、伟大奋斗精神、伟大团结精神、伟大梦想精神不是抽象的概念，而是有着极其深厚的底蕴，其核心内容归结起来就是爱国主义精神。列宁指出："爱国主义就是千百年来巩固起来的对自己的祖国的一种最深厚的感情。"[2] 事实上，

---

① 习近平：《在北京大学师生座谈会上的讲话》，人民出版社 2018 年版，第 5 页。

② 《列宁全集》第 28 卷，人民出版社 1956 年版，第 168—169 页。

中华民族的历史就是一部爱国主义的历史。

"中国共产党是中国工人阶级的先锋队，同时是中国人民和中华民族的先锋队"①。2021 年 7 月 1 日，习近平总书记在庆祝中国共产党成立 100 周年大会上的重要讲话中指出："一百年前，中国共产党的先驱们创建了中国共产党，形成了坚持真理、坚守理想，践行初心、担当使命，不怕牺牲、英勇斗争，对党忠诚、不负人民的伟大建党精神，这是中国共产党的精神之源。"② 中国共产党的伟大建党精神、中国共产党的性质、中国共产党的初心使命是相辅相成的。中国共产党来自于人民、根植于人民。一百多年来，中国共产党团结带领中国人民进行的一切奋斗、一切牺牲、一切创造，归结起来就是一个主题：实现中华民族伟大复兴。伟大建党精神来自于、根植于伟大民族精神。实现中华民族伟大复兴，必须弘扬伟大民族精神。弘扬伟大建党精神，是弘扬伟大民族精神的应有之义和实现中华民族伟大复兴的根本要求，是党和人民血肉相连、党的命运和民族的命运生死与共的必然逻辑。

坚持真理、坚守理想，就是始终坚持马克思主义真理、中国化时代化的马克思主义真理的科学指导，坚守中国特色社会主义的共同理想和共产主义的远大理想。这是中国共产党人理想信念和价值追求的鲜明表达，彰显了党的强大思想理论优势，同时集中体现了中国人民的伟大梦想精神。中国共产党人坚持真理、坚守理想，近代以后中华民族发展的方向和进程由此得到深刻改变，中国人民和中华民族的前

① 《中国共产党章程》，人民出版社 2022 年版，第 1 页。
② 《习近平谈治国理政》第四卷，外文出版社 2022 年版，第 7 页。

途与命运由此得到深刻改变，世界发展的格局和趋势由此得到深刻改变。

践行初心、担当使命，就是始终坚持为中国人民谋幸福、为中华民族谋复兴的初心和使命。这是中国共产党人历史使命和时代责任的鲜明表达，彰显了党的强大政治优势，同时集中体现了中国人民的伟大创造精神。坚持用"人民标尺"衡量，中国共产党人践行初心、担当使命，团结带领人民开创了新民主主义革命道路、社会主义改造和社会主义建设道路、中国特色社会主义道路，新中国成立以来创造了世所罕见的经济快速发展奇迹和社会长期稳定奇迹，新时代在守正创新中使党和国家事业取得历史性成就、发生历史性变革。

不怕牺牲、英勇斗争，就是始终保持顽强意志、斗争精神、优良作风，毫不畏惧地面对一切困难、风险和挑战，坚定不移地打开党和国家各项事业发展新天地。这是中国共产党人精神风范和意志品质的鲜明表达，彰显了党的强大精神优势，同时集中体现了中国人民的伟大奋斗精神。在伟大革命性实践中，中国共产党人"锤炼了不畏强敌、不惧风险、敢于斗争、敢于胜利的风骨和品质"①，始终成为党和国家各项事业坚强领导核心，始终成为全国人民的主心骨，始终走在时代前列，始终焕发出强大生机活力。

对党忠诚、不负人民，就是始终坚持全心全意为人民服务的根本宗旨，始终无条件地对党的信仰忠诚、对党的组织忠诚、对党的理论和路线方针政策忠诚。这是中国共产党人民立场和政治担当的鲜明表

---

① 《习近平谈治国理政》第四卷，外文出版社 2022 年版，第 81 页。

达，彰显了党的强大道德优势，同时集中体现了中国人民的伟大团结精神。习近平总书记指出："全国广大共产党员要始终在党爱党、在党为党，心系人民、情系人民，忠诚一辈子，奉献一辈子，以自己的实际行动，团结带领亿万人民为实现'两个一百年'奋斗目标、实现中华民族伟大复兴的中国梦而共同奋斗。"[①] 历史一再表明，坚持对党绝对忠诚，才能造就党内团结；坚持不负人民，才能团结人民。一百余年来，中国共产党人始终坚持统一思想、统一意志、统一行动，始终坚定捍卫党内团结，始终保持党和人民的血肉联系，凝聚了创造历史的真正源泉和不竭动力。

何为中国？中国人永恒的温馨家园。何以中国？伟大中国精神使然。中国人民伟大精神、中华民族伟大精神、中国共产党伟大建党精神共同汇聚成为伟大中国精神。

全面建成社会主义现代化强国、全面推进中华民族伟大复兴是中国发展的主题和旨归

中国，是从历史中走来的；中国，是一个现实的存在；中国，有着指向未来的目标愿景和美好前景。这种目标愿景和美好前景，就是全面建成社会主义现代化强国、全面推进中华民族伟大复兴。何以中

---

① 中共中央党史和文献研究院、中央"不忘初心、牢记使命"主题教育领导小组办公室编：《习近平关于"不忘初心、牢记使命"论述摘编》，党建读物出版社、中央文献出版社 2019 年版，第 5—6 页。

国？强国建设、民族复兴。

历史地看，在百余年奋斗历程中，中国共产党所做的一切，都是为实现现代化和民族复兴创造条件。现代化和民族复兴又紧密地连在一起。中国共产党人的事业是接力赛跑。新中国成立七十余年来，建设社会主义现代化国家是从第一个五年计划到第十四个五年规划一以贯之的主题。今天，全面建设社会主义现代化国家、全面建成社会主义现代化强国，既有任务书和时间表，更有路线图和施工图。

就世界范围而言，中国是现代化历史进程中的后来者。孙中山先生曾拟定《建国方略》，梦想"乘时一跃而登中国于富强之域，跻斯民于安乐之天也"①，但在当时的历史背景下，他的方略只能是现代化的设想。1933 年，《申报月刊》出版"中国现代化问题"特辑，集中讨论了两个问题。一是中国现代化的困难和障碍是什么？要促进中国现代化，需要哪些先决条件？二是中国现代化应当采取哪一个方式：是个人主义的或社会主义的？外国资本所促成的现代化或国民资本所自发的现代化？实现这些方式的步骤怎样？② 但是，在当时的历史背景下，他们的讨论也只能是知识阶层的纸上谈兵。

中国共产党一经诞生，就把探索中国现代化道路、实现中华民族伟大复兴的历史重任义无反顾地扛在自己的双肩之上，就把为中国人民谋幸福、为中华民族谋复兴作为自己的初心使命。

新民主主义革命时期，中国共产党团结带领全国各族人民，浴血奋战、不怕牺牲，百折不挠、勇往直前，最终推翻了帝国主义、封建

---

① 孙中山：《建国方略》，生活·读书·新知三联书店 2014 年版，第 2 页。
② 参见《"中国现代化问题特辑"前言》，《申报月刊》1933 年第 7 期。

主义、官僚资本主义三座大山，建立了人民当家作主的新中国，实现了民族独立和人民解放的历史任务，为在中国大地上实现现代化、实现国家富强和人民幸福、实现中华民族伟大复兴创造了根本政治前提和根本社会条件。

新中国成立后，中国共产党团结带领全国各族人民，自力更生、艰苦奋斗，社会主义建设和社会主义改造同时并举，确立了社会主义基本制度，建立起独立的、比较完整的工业体系和国民经济体系，为在中国大地上实现现代化、实现国家富强和人民幸福、实现中华民族伟大复兴奠定了亘古未有的制度基础和物质基础，提供了理论准备和宝贵经验。毛泽东同志指出："我们能够学会我们原来不懂的东西。我们不但善于破坏一个旧世界，我们还将善于建设一个新世界。"① 1964年，周恩来同志在第三届全国人民代表大会第一次会议上所做的《政府工作报告》中提出："要在不太长的历史时期内，把我国建设成为一个具有现代农业、现代工业、现代国防和现代科学技术的社会主义强国，赶上和超过世界先进水平。"② 为了实现这个宏伟目标，党中央提出的设想和路径是：第一步，建立一个独立的比较完整的工业体系和国民经济体系；第二步，全面实现农业、工业、国防和科学技术现代化，使我国经济走在世界前列。到今天，"逐步实现工业、农业、国防和科学技术的现代化"③ 仍写在宪法序言中。

改革开放和社会主义现代化建设新时期，中国共产党团结带领全

---

① 《毛泽东选集》第四卷，人民出版社1991年版，第1439页。

② 《周恩来选集》下卷，人民出版社1984年版，第439页。

③ 中共中央文献研究室编：《十四大以来重要文献选编》（上），人民出版社1996年版，第207页。

国各族人民，解放思想、实事求是，锐意进取、励精图治，作出实行改革开放的历史性决策，建立和完善社会主义市场经济体制，实现了我国人民生活水平的历史性跨越，为中国式现代化建设、实现国家富强和人民幸福、实现中华民族伟大复兴提供了充满新的活力的体制保证和快速发展的物质条件。1979 年之后，邓小平同志先后提出"中国式的四个现代化"① "中国式的现代化"② "中国式的现代化道路"③ "小康之家"④ 等概念，对我们过去所确定的战略目标、战略步骤进行了重大调整，彰显了新时期中国共产党人实事求是、求真务实的政治品格。

现代化的伟大实践呼唤现代化的科学理论。党的十八大以来，中国特色社会主义进入新时代，以习近平同志为核心的党中央团结带领全国各族人民自信自强、守正创新，踔厉奋发、勇毅前行，在过去已有实践基础上继续探索，在聚焦聚力实现全面建成小康社会的奋斗目标的同时，着眼着手全面建设社会主义现代化国家的奋斗目标，成功推进和拓展了中国式现代化，初步构建了中国式现代化的理论体系。这一理论体系的主要内容包括中国式现代化基于自身国情的中国特色、中国式现代化的本质要求、新征程前进道路上必须牢牢把握的重大原则以及推进中国式现代化需要正确处理好的一系列重大关系等。

形势决定任务。我们党已经走过创造辉煌的一百年，正团结带领人民承前启后、继往开来、在新的历史条件下继续夺取中国特色社会

---

① 《邓小平文选》第二卷，人民出版社 1994 年版，第 237 页。
② 《邓小平文选》第三卷，人民出版社 1993 年版，第 29 页。
③ 《邓小平文选》第二卷，人民出版社 1994 年版，第 163 页。
④ 《邓小平文选》第二卷，人民出版社 1994 年版，第 237 页。

主义伟大胜利，我国发展面临新的战略机遇；我们党团结带领人民实现了第一个百年奋斗目标，全面建成了小康社会，历史性地解决了绝对贫困问题，踏上了实现第二个百年奋斗目标、全面建设社会主义现代化国家新征程，我国发展面临新的战略任务；中华民族伟大复兴取得历史性成就，既进入了不可逆转的历史进程，也进入了乘势而上、确保中华民族伟大复兴不被迟滞甚至打断的关键时期，我国发展面临新的战略阶段；中国特色社会主义新时代已经走过第一个十年，必须继续开创新时代中国特色社会主义事业新局面，我国发展面临新的战略要求；百年变局和世纪疫情相互交织，世界进入新的动荡变革期，世界和平与发展面临严峻挑战，外部环境更加不稳定、不确定，我国发展面临新的战略环境。所有这些方面，共同构成了我们必须全面把握和深入思考的新的历史特点。

理论指导实践。中国式现代化的任务书和时间表已经确定，在中国发展的坐标系中，即"全面建成社会主义现代化强国，总的战略安排是分两步走：从二○二○年到二○三五年基本实现社会主义现代化；从二○三五年到本世纪中叶把我国建成富强民主文明和谐美丽的社会主义现代化强国"[1]。在世界发展的坐标系中，即"到本世纪中叶，把我国建设成为综合国力和国际影响力领先的社会主义现代化强国"[2]。

---

① 习近平：《高举中国特色社会主义伟大旗帜　为全面建设社会主义现代化国家而团结奋斗——在中国共产党第二十次全国代表大会上的报告》，人民出版社 2022 年版，第 24 页。

② 习近平：《高举中国特色社会主义伟大旗帜　为全面建设社会主义现代化国家而团结奋斗——在中国共产党第二十次全国代表大会上的报告》，人民出版社 2022 年版，第 25 页。

中国式现代化的路线图和施工图，就是深刻理解全面建设社会主义现代化国家战略布局的科学性和必然性，构筑全面建设社会主义现代化国家的主要支撑是：高质量发展是全面建设社会主义现代化国家的首要任务；人民民主是社会主义的生命，是全面建设社会主义现代化国家的应有之义；全面建设社会主义现代化国家，必须坚持中国特色社会主义文化发展道路，增强文化自信，激发全民族文化创新创造活力，增强实现中华民族伟大复兴的精神力量；增进民生福祉，提高人民生活品质，物质富足、精神富有是社会主义现代化的根本要求；尊重自然、顺应自然、保护自然，是全面建设社会主义现代化国家的内在要求；教育、科技、人才是全面建设社会主义现代化国家的基础性、战略性支撑；一个现代化国家必然是法治国家，全面依法治国是国家治理的一场深刻革命，必须在法治轨道上全面建设社会主义现代化国家；国家安全是民族复兴的根基，社会稳定是国家强盛的前提，推进国家安全体系和能力现代化是全面建设社会主义现代化国家的必然要求；如期实现建军一百年奋斗目标，加快把人民军队建成世界一流军队，是全面建设社会主义现代化国家的战略要求；"一国两制"是中国特色社会主义的伟大创举，推进强国建设离不开香港、澳门的长期繁荣稳定，实现祖国完全统一是全体中华儿女的共同愿望，是民族复兴的题中之义；全面建成社会主义现代化强国、实现中华民族伟大复兴，必须有和平的国际环境；全面建设社会主义现代化国家，实现新时代新征程各项目标任务，关键在党。

中国共产党、中国式现代化、全面建成社会主义现代化强国、实现中华民族伟大复兴，是紧密连在一起的。习近平总书记指出："实践证明，中国式现代化走得通、行得稳，是强国建设、民族复兴的唯一正确道路。"① 在中国共产党人的视域中，实现中华民族伟大复兴是近代以来中国人民最伟大的梦想，实现中华民族伟大复兴的中国梦的基本内涵是国家富强、民族振兴、人民幸福。具体而言，在历史大视野中，实现中华民族伟大复兴，就是使中华民族重现辉煌，自信自立自强，尽展恢弘气象；在世界大格局中，实现中华民族伟大复兴，就是使中华民族重新锻铸自己的地位，屹立民族之林，引领时代潮流。正是在这个意义上，我们一再重复同一个道理：只有创造过辉煌的民族，才懂得复兴的意义；只有经历过苦难的民族，才对复兴有如此深切的渴望。正是在这个意义上，我们可以将新时代理解为强国建设、民族复兴的时代。

中国共产党人是马克思主义者。马克思主义是我们立党立国、兴党兴国、强党强国的根本指导思想。这是因为马克思主义"为人类求解放"的主题和旨归与中国共产党人为中国人民谋幸福、为中华民族谋复兴、为人类谋进步、为世界谋大同的历史使命和行动价值是完全一致的，与全面建设社会主义现代化国家的主题和旨归是高度契合的。习近平总书记指出，中国式现代化"体现科学社会主义的先进本质"，中国式现代化理论是"科学社会主义的最新重大成果"②。

在世界社会主义发展史上，克服和消除资本主义"现代社会"和"现代文明"的问题和弊端，始终是马克思主义经典作家的叙事

---

① 《习近平在学习贯彻党的二十大精神研讨班开班式上发表重要讲话强调　正确理解和大力推进中国式现代化》，《人民日报》2023 年 2 月 8 日。

② 《习近平在学习贯彻党的二十大精神研讨班开班式上发表重要讲话强调　正确理解和大力推进中国式现代化》，《人民日报》2023 年 2 月 8 日。

主题和主线。恩格斯指出："我们的目的是要建立社会主义制度，这种制度将给所有的人提供健康而有益的工作，给所有的人提供充裕的物质生活和闲暇时间，给所有的人提供真正的充分的自由。"① 中国式现代化，是中国共产党领导的社会主义现代化，而不是什么别的现代化。这是社会主义的伟大成就，也是世界现代化发展的光明前景。2022 年 11 月 14 日，习近平主席在印度尼西亚巴厘岛同美国总统拜登举行会晤时明确指出："美国搞的是资本主义，中国搞的是社会主义，双方走的是不同的路。"这一立场，充分彰显了新时代中国共产党人的制度自信、道路自信。

一百多年前的 1893 年 10 月 12 日，恩格斯曾写道："一个知道自己的目的，也知道怎样达到这个目的的政党，一个真正想达到这个目的并且具有达到这个目的所必不可缺的顽强精神的政党，——这样的政党将是不可战胜的，特别是在当前这样的情况下，如果它的一切要求都符合本国经济发展的需要，而且正是这种经济发展的政治表现的话，那就更是如此。"② 一百多年后的 2022 年 10 月 28 日，习近平总书记在红旗渠纪念馆考察时指出，"实现第二个百年奋斗目标也就是一两代人的事，我们正逢其时、不可辜负，要作出我们这一代的贡献"③。深刻懂得在新征程上举什么旗、走什么路、以什么样的精神状态、朝着什么样的目标继续前进的中国共产党，正是恩格斯所指明的"这样的政党"、这样的马克思主义执政党。何以中国？根本在于

---

① 《马克思恩格斯全集》第 28 卷，人民出版社 2018 年版，第 652 页。
② 《马克思恩格斯全集》第 39 卷，人民出版社 1974 年版，第 139 页。
③ 《习近平在陕西延安和河南安阳考察时强调　全面推进乡村振兴　为实现农业农村现代化而不懈奋斗》，《人民日报》2022 年 10 月 29 日。

有中国共产党"这样的政党"、这样的马克思主义执政党的全面领导，凝聚起奋进新征程、建功新时代的磅礴力量，中国之路愈益宽广、中国之治愈益卓著、中国之理愈益彰显。这是历史、现实和未来相贯通的逻辑，也必将是历史、现实和未来相融通的写照。

参 考 文 献

《习近平谈治国理政》第二卷，外文出版社 2017 年版。

《习近平谈治国理政》第三卷，外文出版社 2020 年版。

《习近平谈治国理政》第四卷，外文出版社 2022 年版。

《习近平著作选读》第一卷，人民出版社 2023 年版。

习近平：《高举中国特色社会主义伟大旗帜　为全面建设社会主义现代化国家而团结奋斗——在中国共产党第二十次全国代表大会上的报告》，人民出版社 2022 年版。

习近平：《决胜全面建成小康社会　夺取新时代中国特色社会主义伟大胜利——在中国共产党第十九次全国代表大会上的报告》，人民出版社 2017 年版。

习近平：《论党的宣传思想工作》，中央文献出版社 2020 年版。

习近平：《在纪念马克思诞辰 200 周年大会上的讲话》，人民出版社 2018 年版。

习近平：《在北京大学师生座谈会上的讲话》，人民出版社 2018 年版。

习近平：《在文艺工作座谈会上的讲话》，人民出版社 2015 年版。

习近平：《出席第三届核安全峰会并访问欧洲四国和联合国教科文组织总部、欧盟总部时的演讲》，人民出版社 2014 年版。

《毛泽东选集》第二卷，人民出版社 1991 年版。

《毛泽东选集》第四卷，人民出版社 1991 年版。

《邓小平文选》第二卷，人民出版社 1994 年版。

《邓小平文选》第三卷，人民出版社 1993 年版。

《周恩来选集》下卷，人民出版社 1984 年版。

《马克思恩格斯全集》第 7 卷，人民出版社 1959 年版。

《马克思恩格斯全集》第 28 卷，人民出版社 2018 年版。

《马克思恩格斯全集》第 39 卷，人民出版社 1974 年版。

《马克思恩格斯全集》第 47 卷，人民出版社 1979 年版。

《列宁全集》第 28 卷，人民出版社 1956 年版。

中共中央党史和文献研究院、中央"不忘初心、牢记使命"主题教育领导小组办公室编：《习近平关于"不忘初心、牢记使命"论述摘编》，党建读物出版社、中央文献出版社 2019 年版。

孙中山：《建国方略》，生活·读书·新知三联书店 2014 年版。

《中国共产党章程》，人民出版社 2022 年版。

中共中央文献研究室编：《十四大以来重要文献选编》（上），人民出版社 1996 年版。

《中国哲学史》编写组：《中国哲学史》（第二版）上册，人民出版社 2021 年版。

《习近平在学习贯彻党的二十大精神研讨班开班式上发表重要讲话强调 正确理解和大力推进中国式现代化》，《人民日报》2023 年 2 月 8 日。

《习近平在陕西延安和河南安阳考察时强调 全面推进乡村振兴为实现农业农村现代化而不懈奋斗》，《人民日报》2022 年 10 月 29 日。

《习近平在中共中央政治局第三十九次集体学习时强调 把中国文明历史研究引向深入推动增强历史自觉坚定文化自信》，《人民日报》2022 年 5 月 29 日。

《"我们对于时间的理解"》，《人民日报》2019 年 3 月 26 日。

《习近平主持召开文艺工作座谈会强调 坚持以人民为中心的创作导向 创作更多无愧于时代的优秀作品》，《人民日报》2014 年 10 月 16 日。

《"中国现代化问题特辑"前言》，《申报月刊》1933 年第 7 期。

从比较视野看中国式现代化对传统现代化理论与实践的多重超越

张占斌[*]

从大历史的全球比较视野来看，现代化是人类文明不断进步的历程。简言之，现代化表现为从传统农业社会转型为现代工业社会、信息社会乃至智能社会的过程。现代化最早发轫于近代的欧洲社会，后逐渐拓展形成全世界范围内的普遍潮流，进而成为世界各国共同追求的发展目标。在西方资本主义现代化影响下，中国和许多发展中国家起初被动卷入现代化进程。中国共产党成立后，中国人民经过艰辛探索，顽强地走出了一条中国式现代化道路，创造了人类文明新形态，推动中国式现代化实现了多重超越。

---

[*] 张占斌，中共中央党校（国家行政学院）中国式现代化研究中心主任、马克思主义学院教授、博导。

从被动到主动：中国式现代化对近代旧式现代化的超越

中国是具有辉煌灿烂文明历史的古国。但是，由于明朝后期开始实行闭关锁国政策，后来又错失工业革命、科技革命机遇，中国在内部矛盾和西方现代化浪潮的冲击下逐渐走向衰落。"李约瑟之谜"提出了一个需要我们长久思考的问题：为什么中国古代科技文明辉煌璀璨，近代科学革命和工业革命却没有发生在中国而是发生在西方？与之相关的一个命题是"韦伯疑问"：为什么资本主义在中国很早就出现了萌芽，但是中国最终并没有进入资本主义社会？[1] 1840 年以来，中华民族在近代遭受了严峻挑战和全面危机——国家蒙辱、人民蒙难、文明蒙尘。西方国家在资本推动下率先展开了现代化进程，使其在整个世界范围扩张开来，促使"民族历史"向"世界历史"转变，并且在这个过程中逐步构建了不平等的世界秩序——"使未开化和半开化的国家从属于文明的国家，使农民的民族从属于资产阶级的民族，使东方从属于西方"。[2] 中华民族被无情地载入"三个从属于"的支配体系中，"中国向何处去"成为重大时代问题。在中国共产党成立之前，近代中国就已开启了现代化的历程，中国探索现代化道路是在西方式现代化和外部环境的强烈冲击下，由西方从外向内逐渐灌输、中国被迫接纳和学习的发展过程。透过历史的烟幕，我们看到的

---

① 林毅夫：《解读中国经济》，北京大学出版社 2018 年版，第 21—56 页。
② 《马克思恩格斯文集》第 2 卷，人民出版社 2009 年版，第 36 页。

是慌乱的、依附的、片面的场景，我们称其为"被动的现代化"。鸦片战争后，农民阶级、地主阶级和资产阶级先后从各自的立场出发，提出各种救国方案，但都没有能够彻底唤起民众，没有形成真正变革社会的力量，没有改变中国半殖民地半封建的社会性质。近代中国就像一条漂泊在波涛汹涌、惊涛骇浪的汪洋大海中的百孔千疮的漏船，危机四伏，时时刻刻都有倾覆沉没、葬身大海的危险。究其根本原因，正如毛泽东同志所说："一是社会制度腐败，二是经济技术落后。"① 中国共产党成立后，中国人民谋求现代化有了主心骨，中国的现代化由过去"被动的现代化"开始转为"主动的现代化"。在中国共产党领导下，经过100多年的奋斗，我们走出了一条积极争取、主动追求的中国式现代化道路。19世纪60年代初期，在经历了两次鸦片战争和太平天国运动的冲击后，封建地主阶级的统治岌岌可危。以林则徐、魏源、李鸿章、张之洞等为代表的封建士大夫阶层在应对"三千年未有之大变局"时，把中学与西学之间的关系称为"体"与"用"的关系，提出了近代中国最早的现代化口号——"中学为体，西学为用"，强调学习西方先进技术对于维护封建统治的重要性，以此发起了"师夷长技"以达到"求强""求富"的洋务运动。如冯桂芬在洋务运动兴起之时，提出了"以中国之伦常名教为原本，辅以诸国富强之术"的观念，这是"中体西用"思想的萌芽。王韬主张"器则取诸西国，道则备自当躬"。薛福成提出"取西人器数之学，以卫吾尧舜禹汤文武周孔之道"。1895年4月，范寿康在西方传

① 《毛泽东文集》第八卷，人民出版社1999年版，第340页。

教士创办的《万国公报》发表文章，首次明确表述了"中学为体，西学为用"的概念。张之洞在《劝学篇》中对洋务派的指导思想作了全面系统的阐述，重申"旧学为体，新学为用"。孙家鼐在《议复开办京师大学堂折》中再次提出，"自应以中学为主，西学为辅；中学为体，西学为用"。洋务运动的根本目的在于通过学习西方先进的技术，运用国家权力集中力量优先发展军事工业，同时发展若干民用企业，探索实现工业现代化，进而提升我国的军事实力和经济实力，达到维护清政府统治的目的。洋务运动开启了近代中国工业的探索，推动了中国近代工业化的缓慢进程。1894 年中日甲午海战，北洋水师几乎全军覆没，事实上宣告了洋务运动的破产。

19 世纪末至 20 世纪初，近代中国逐渐开启探索政治现代化的进程。这一时期，"中体西用"的社会思潮逐渐被"中西互补""中西调和"思想取代，政治制度的改革与革新是这一阶段重点讨论与实践的问题。如康有为、梁启超、谭嗣同、严复等资产阶级维新派认为，既要学习西方社会的科学技术，又要学习政治制度和理论学说，主张实现君主立宪制度，通过戊戌变法探索政治现代化。戊戌变法突破洋务派"中体西用"思想的局限，主张用君主立宪制取代君主专制制度，是一场资产阶级性质的政治改良运动。遗憾的是，由于自身局限和思想不成熟，维新运动未能撼动旧制度，戊戌六君子喋血北京菜市口，维新派依靠清政府变法改变中国现状的幻想破灭。实践证明，依靠落后腐朽的封建政权，以政治制度改革的形式逐渐实现现代化在当时的中国走不通。

20 世纪初，民族资本主义得到初步发展，民族资产阶级的力量不断壮大。孙中山、黄兴、廖仲恺、章太炎等资产阶级革命派认为，清政府已成为"洋人的朝廷"，是中国人民探索政治现代化发展道路上的阻碍。因而，资产阶级革命派主张通过革命手段清除通往现代化道路的主要障碍，提出了三民主义等现代化发展方案。辛亥革命结束了几千年的君主专制制度，但是帝国主义不容许中国建立一个独立、富强的资产阶级共和国。无量头颅无量血，可怜换得假共和。由于民族资产阶级先天发展不足，无法建立资产阶级社会，也无法带领中国人民走向独立自主的现代化道路。

辛亥革命的失败使中国先进知识分子得出新的认识：要从思想上铲除封建专制的根源，就必须在文化领域发动新文化，探索实现现代化发展的可能性。近代中国提出全盘西化的代表人物有胡适、陈序经、吴稚晖、钱玄同等。其中，胡适是最为著名的全盘西化代表人物之一，他提出了"充分世界化"的主张，认为中国应该全面学习西方，以实现现代化。然而，历史的发展告诉我们：全盘西化是不能解决中国的问题的，脱离了中国的实际情况，只会碰得头破血流，这条路是走不通的。但是也应当看到，轰轰烈烈的新文化运动撼动了封建君主专制思想的统治地位，加快了中国思想文化从传统向现代转型的步伐。新文化运动本质上属于资产阶级领导，具有旧式民主主义革命特征的文化运动。它的性质决定了新文化运动并不能给中国人民指明一条通往现代化的发展道路。

新文化进入成熟发展时期，恰逢俄国十月革命，马克思主义开始在中国传播，关于社会主义的思想开始在中国传播开来，近代中国知识分子开始学习马克思主义。在这个"觉醒年代"的历史进程中，很多年轻人选择了马克思主义，信仰社会主义。我们党的早期领导人陈独秀完成了他的思想转变，由过去全盘西化的拥护者转变为信仰马克思主义的社会主义者，他的两个儿子陈延年、陈乔年也都选择了马克思主义，并加入了中国共产党，踏上了为无产阶级争取解放、为实现社会主义而奋斗的革命道路。

总的来看，近代中国的现代化从器物、制度到思想层面的探索可以归结为从经济、政治到文化层面向西方学习。但由于其没有根据中国具体实际探索现代化，也没有尊重现代化发展的一般规律，因此最终都以失败告终。尽管这些探索是被动的，但仍然有其历史价值。它们为中国共产党主动推进现代化，作了前期的历史铺垫，其中有很多的经验、教训及启示。

中国现代化道路真正的转折源于中国共产党的成立。俄国十月革命的胜利为中国现代化发展带来了新思路。"十月革命的开创性功能实际表现在世界现代化进程的矛盾运动中，虽然十月革命的主观动机是引爆世界无产阶级的革命，但其客观结果却是为落后国家的非资本主义现代化提供了一个范例。"[①] 五四运动后，无产阶级登上历史舞台，中国共产党的成立预示着中国人民的精神从被动转为主动，中国的现代化也由过去的被动开始转为主动。在政治上，中国共产党成为领导中国人民探索现代化的核心力量；在理论上，中国人民有了马克思主义理论的正确指引；在实践上，俄国开辟现代化的经验，让我们看到了独立自主探索现代化的可能。由此，中国共产党提出并逐渐确

---

① 武克全：《现代化拓展中的世界和中国》，学林出版社 1999 年版，第 291—292 页。

定了一种以社会主义为价值取向的现代化发展新模式，把发展社会主义与实现现代化的目标联系起来，确立了现代化的崭新发展方向，不仅使中国革命的面貌焕然一新，也对近代中国探索现代化的方向产生根本性影响，中国现代化道路的探索终于进入了主动的历史进程。"随着马克思主义的传入尤其是中国共产党的成立，中华民族探索现代化道路最终从被动转变为主动，从学习模仿转变为借鉴创新，从而不再纯粹是一种简单的后发型或追赶型现代化，而是有着中华优秀传统文化作为深厚文明底蕴、有着马克思主义理论指导、有着社会主义发展方向、有着独立自主特性的现代化发展过程，这在人类社会发展史上是从未有过的现代化发展过程，在一定程度上是一种内生的、创新的和新型的现代化发展模式。"[1] 我们认为，这些评价，是恰当的，是深刻的。

从计划到市场：中国式现代化对苏联经验和模式的超越

中华人民共和国的成立表明，新中国将是一个以现代化为目标的国家，中国的现代化将由一个信仰马克思主义的政党——中国共产党来领导，由一个人民拥护的强有力的人民政府来推动。伴随着中国共产党对社会主义现代化建设道路的不断探索，中国的经济体制也经历了两次大的转型。第一次发生在新中国成立之初，从新民主主义经济

---

① 戴木材：《论中国式现代化理论体系的基本构建》，《中国人民大学学报》2023 年第 6 期。

逐步转变为社会主义计划经济；第二次发生在改革开放以后，由社会主义计划经济逐步转变为社会主义市场经济。

新中国初期，如何在中国这样一个落后的东方大国建立社会主义制度，开辟出一条适合中国国情的社会主义建设道路，进行现代化建设，成为摆在中国共产党面前的首要任务。伴随着社会主义改造的基本完成，我们逐步实施了计划经济体制。从历史来看，计划经济体制的建立对于贫穷落后的中国而言，起到的迅速集中财力物力和人力进行工业化建设、初步奠定工业化基础的作用是十分明显的。中国为什么选择计划经济体制？一是对社会主义理论认识不足，把计划经济看成社会主义的根本特征；二是由于缺乏更多更好可以借鉴的经验，因而较大程度照搬了苏联模式；三是由于国际环境特别是西方封锁的影响，在客观上促使我们不断强化计划经济体制。计划经济体制的弊端主要表现为：缺少经济激励，经济运行效率低下，无法满足个人和社会千差万别的实际需求，经济核算缺乏科学性。社会主义三大改造基本完成后，党中央依照苏联工业化模式实施的第一个五年计划取得了巨大成就，为我国社会主义现代化建设奠定了初步基础，但在实践中党和国家也发现了苏联模式的弊端。

苏共二十大闭幕后，以毛泽东同志为核心的党的第一代中央领导集体对独立自主地建设社会主义的道路开始了新的艰辛探索。毛泽东同志指出，"解放后，三年恢复时期，对搞建设，我们是懵懵懂懂的。接着搞第一个五年计划，对建设还是懵懵懂懂的"[1]，"因为我们

---

① 《毛泽东文集》第八卷，人民出版社1999年版，第117页。

不懂，完全没有经验，横竖自己不晓得，只好搬"①。但是，照搬照抄苏联经验不符合中国国情，"一切都抄苏联"，"缺乏创造性，缺乏独立自主的能力"，"总觉得不满意，心情不舒畅"②，"不应当是长久之计"③。1956年4月，毛泽东同志在中共中央书记处研究苏共教训的会议上提出："现在是社会主义革命和建设时期，我们要进行第二次结合，找出在中国怎样建设社会主义的道路。"④ 1956年，党的八大正确分析了国内外形势和主要矛盾的变化，提出我国"二五"计划的中心任务仍然是优先发展重工业，并制定了全面推进社会主义工业化建设的宏伟纲领。此外，在这个时期的现代化探索中，我们党还对中国工业化道路、社会主义发展阶段、"四个现代化"战略目标等重大现代化理论问题提出了重要思想观点。比如，"四个现代化"由过去的现代化工业、现代化农业、现代化交通运输业和现代化国防，调整为农业现代化、工业现代化、国防现代化、科学技术现代化。

在中国建设社会主义是个全新的课题。遗憾的是，在这段可贵的探索过程中出现了失误。经过"大跃进"的挫折，毛泽东同志对中国式现代化的艰巨性、长期性有了新的认识，对现代化建设的战略实施步骤安排也进行了调整，提出了较为完整的"两步走"设想："第一步，建立一个独立的、比较完整的工业体系和国民经济体系，使我

---

① 《毛泽东文集》第七卷，人民出版社1999年版，第368页。

② 《毛泽东文集》第八卷，人民出版社1999年版，第305、117页。

③ 中共中央文献研究室编：《建国以来重要文献选编》第15册，中央文献出版社1997年版，第131页。

④ 中共中央文献研究室编：《毛泽东年谱（1949—1976）》第2卷，中央文献出版社2013年版，第557页。

国工业大体接近世界先进水平；第二步，使我国工业走在世界前列，全面实现农业、工业、国防和科学技术现代化。"[1] "两步走"战略设想提出后，由于"文化大革命"而没有能够按计划付诸实践。1975年第四届全国人民代表大会第一次会议召开，周恩来同志抱病参会作《政府工作报告》，重申"全面实现农业、工业、国防和科学技术的现代化"。这也说明，虽然我们犯过错误、经历过曲折，但是一直在坚持不懈地探索和推动中国式现代化。特别是在这一历史时期，提出了要"全面实现农业、工业、国防和科学技术的现代化，使我国国民经济走在世界前列"[2]的目标，构成了中国式现代化的重要篇章。

1979年3月，邓小平同志首次提出"中国式的现代化道路"，强调"过去搞民主革命，要适合中国情况，走毛泽东同志开辟的农村包围城市的道路。现在搞建设，也要适合中国情况，走出一条中国式的现代化道路"[3]；指出"中国式的现代化，必须从中国的特点出发"[4]。以往的社会主义现代化建设之所以遇到严重挫折，一个根本原因就是对社会主义本质的理解出现了问题。通过反思，邓小平同志认为，不应再将纯粹公有制与计划经济的传统经济结构视为社会主义的本质。那么，社会主义本质是什么呢？邓小平同志在"南方谈话"中深刻指出："社会主义的本质，是解放生产力，发展生产力，消灭

---

① 中央财经领导小组办公室编：《中国经济发展五十年大事记》，人民出版社1999年版，第186页。

② 中央财经领导小组办公室编：《中国经济发展五十年大事记》，人民出版社1999年版，第271页。

③ 《邓小平文选》第二卷，人民出版社1994年版，第163页。

④ 《邓小平文选》第二卷，人民出版社1994年版，第164页。

剥削，消除两极分化，最终达到共同富裕。"① 换言之，发展生产力，实现共同富裕是社会主义应该具有的功能与价值。基于初级阶段的基本国情，邓小平同志提出了改革开放的基本国策，作出了"社会主义也可以搞市场经济"的重要论断，描绘了小康社会的发展蓝图，即中国现代化建设"三步走"的战略构想。

传统的社会主义模式是将马克思主义的社会主义基本原理教条化、抽象化地运用到社会主义国家具体实践中而形成的现代性方案，其典型代表就是苏联模式。应当说苏联模式主要是列宁去世后在斯大林时代以及斯大林影响下所形成的。计划经济有两个显著特征，一是国家权力配置资源，过分突出国家权力的作用。二是彻底否认资本、市场经济等，构建了"三个边界"：不能搞私有产权（纯而又纯的公有制原则决定的）、不能搞市场经济（计划经济原则决定的）、不能搞雇工剥削（按劳分配原则决定的）。②

社会主义经济中计划与市场的关系问题是新中国成立以来，我国理论工作者讨论最多、争论最激烈、成果最集中的经济理论问题。从20世纪50年代一批经济学家开始研究传统计划经济理论问题，到我国逐步建立社会主义市场经济体制，这期间的探索绵延了几十年，是一个艰辛的过程。比如，在50年代，当时在我国学界占统治地位的是斯大林《苏联社会主义经济问题》一书的经济理论观点，中国学术界的讨论开始逐步突破传统社会主义的经济理论和框框。一是经济

---

① 《邓小平文选》第三卷，人民出版社1993年版，第373页。
② 参见唐爱军：《中国式现代化道路》，商务印书馆2023年版，第145页。

学家孙冶方 1956 年提出了把计划放在价值规律基础上的观点，二是经济学家顾准在 1957 年提出的社会主义经济是通过经济核算调节生产的，三是中央领导人陈云同志提出在社会主义计划经济中利用市场调节的思想。70—80 年代，中国学界围绕用什么样的经济体制取代计划经济旧体制问题展开了讨论，提出了市场社会主义模式（苏联东欧模式）、政府主导的市场经济模式（东亚模式）、自由市场经济模式（欧美模式）等，并进行了反复地讨论和利弊分析。这些有代表性的思想，对于我们探索突破计划经济体制都有重要的参考意义。改革开放以后，我们党提出了中国特色社会主义和市场经济问题，在很大程度上是要和僵化的传统的苏联模式划清界限。因此在很大程度上讲，中国式现代化道路就是中国特色社会主义道路，它直接超越的对象是传统的社会主义模式，也就是苏联的计划经济模式。这个超越，意义重大。我们高举中国特色社会主义的旗帜，道路越走越宽广，捍卫了科学社会主义的尊严，而苏联和东欧却出现了共产党丢掉政权，倒向西方体制的历史悲剧。

我国改革开放以来的中国式现代化的道路，一个核心就是从传统的计划经济向社会主义市场经济的转型，通过改革开放，打破了旧的传统计划经济的"三个边界"，逐步建立起了社会主义的基本经济制度，也就是公有制为主体、多种所有制共同发展，按劳分配为主体、多种分配方式并存和社会主义市场经济体制的基本经济制度。这个制度强调"两个毫不动摇"，注重有效市场、有为政府的组合，废弃了反资本的现代性，建构了引领、驾驭资本的现代性。在社会主义条件下，发展市场经济是前无古人的伟大创举，马克思当年没有预见到，列宁也没有碰到和解决这样的问题。在社会主义条件下，搞市场经济是中国共产党人的伟大创举，是坚持和发展中国特色社会主义的必然选择，也是推进中国式现代化的必然选择。在史无前例的经济体制改革中，我们既没有走封闭僵化的老路，也没有走改旗易帜的邪路，而是走出了一条创造性的在社会主义条件下发展市场经济的新路。

党的十四大正式宣布我国经济体制改革的目标是建立社会主义市场经济体制。党的十四届三中全会通过了《中共中央关于建立社会主义市场经济体制若干问题的决定》，提出了建立社会主义市场经济体制的总体规划和行动纲领。把过去误认为是西方资本主义的市场经济请到中国来，这真是石破天惊。党的十八届三中全会《中共中央关于全面深化改革若干重大问题的决定》再上新台阶，提出"使市场在资源配置中起决定性作用和更好发挥政府作用"；党的十九大提出"使市场在资源配置中起决定性作用，更好发挥政府作用"；党的二十大强调"充分发挥市场在资源配置中的决定性作用，更好发挥政府作用"。在所有制结构、分配制度、资源配置方式等方面实现了中国特色社会主义基本经济制度的创新，证明社会主义不是和计划经济划等号的，社会主义不仅可以搞市场经济，而且可以搞得更好。市场经济可以在中国生根开花结果，而且并非只有西方那一种模式。党的十八大以来，围绕解决中国式现代化存在的突出矛盾和问题，中国共产党提出"坚持社会主义市场经济改革方向"，"构建高水平社会主义市场经济体制"。"我们党在已有基础上继续前进，不断实现理论和实践上的创新突破，成功推进和拓展了中国式现代化。"① 从我国改革开放的历史实践来看，我们把推进中国式现代化作为最大的政治，把坚持高质量发展作为新时代的硬道理，致力于构建高水平社会主义市场经济体制，聚焦经济建设这一中心工作和高质量发展这一首要任务，推动了党和国家事业的大发展，使中华民族在站起来的基础上开始富起来并向强起来迈进。这条路，我们选对了。在这条路上，我们看到了中国式现代化的风采和中华民族伟大复兴的曙光。

从资本到人民：中国式现代化对西方资本主义的超越

马克思、恩格斯比较多地从生产力和生产关系的辩证关系中，研究人类社会的发展规律问题。后来人们根据他们的思想观点，把人类社会的历史进程概括为五种社会形态，即原始社会、奴隶社会、封建社会、资本主义、社会主义社会和共产主义社会，认为人类社会的发展和进步就是在这五种社会形态的发展更替中实现的。马克思、恩格斯认为人类社会的基本矛盾在资本主义社会表现为社会化大生产和资本主义私人占有之间的矛盾，社会主义代替资本主义是资本主义社会这个基本矛盾发展的必然结果。近现代以来，西方现代化造就了资本主义制度和资本主义现代文明，形成了当今影响世界的现代化理论体

---

① 《习近平在学习贯彻党的二十大精神研讨班开班式上发表重要讲话强调　正确理解和大力推进中国式现代化》，《人民日报》2023 年 2 月 8 日。

系和现代文明知识体系。应当说近代以来的中国现代化深受西方现代化的冲击和影响，然而在这么大的冲击和影响下，中国的现代化为什么没有完全照搬西方模式，而是走出了一条中国式现代化道路，实现了对西方资本主义的超越？或者说靠什么完成了这一历史性的超越呢？我们认为，靠的就是中国共产党领导中国人民走出了一条中国特色社会主义的道路，也就是中国式现代化道路。这个超越也再一次印证，资本在创造现代化文明成果的同时，也导致了一系列不可克服的现代性危机：一是自然的异化，二是社会的分化，三是全球冲突，四是人的物化。① 西方资本主义社会是资本逻辑的现代化，资本为王的现代化，资本核心的现代化。中国坚持的是以人民为中心的现代化，致力人的全面发展、以人为本的现代化。从以资本为中心到以人民为中心，这是中国式现代化对西方资本主义超越的本质所在，也是这两种社会制度巨大的分野所在。

西方资本主义发展的过程，也可以说是西方现代化的进程，或者是世界现代化不断发展的过程。在西方资本主义和西方现代化的推动下，整个世界、整个人类社会都卷入了现代化的历史洪流中。从这个意义上讲，世界现代化是一个持续性的运动，是一个席卷全球的运动，那么世界现代化也必然会对中国带来深刻的影响和推动。一方面，中国应该是世界现代化的一个重要组成部分，因为从近代以来，中国就卷入了这么一个大的历史进程中，因此存在着世界现代化"化"中国的问题。起初中国的现代化确实是被动的，如同汪洋大海

———————

① 参见唐爱军：《中国式现代化道路》，商务印书馆2023年版，第141页。

中的一叶扁舟，任凭惊涛骇浪拍打冲击飘荡，在海洋上随波逐流。在中华民族面临生死存亡的关键时刻，中国共产党走上了历史舞台，领导中国人民建立了人民当家作主的新中国，从根本上改变了中国人民和中华民族的前途命运，开启了中国式现代化的伟大征程。因此从另一方面看，中国共产党探索的中国式现代化也在"化"世界，也就是说，中国式现代化也对世界现代化产生了巨大的影响。中国式现代化具有各国现代化的共同特征，更有基于自己国情的中国特色，双方是一个不断推动"互化"的过程，也就是在双方不断推动"互化"的进程中，中国共产党带领中国人民把命运牢牢掌握在自己手中，掌握着历史航船的行驶方向，迎接人类文明的八面来风。中国式现代化志存高远，实现了对西方资本主义的超越。

实现社会形态的跨越，建立社会主义制度是中国式现代化道路的根本前提。中国式现代化的根本逻辑是社会主义制度逻辑，其基本性质是社会主义条件的现代化，是中国共产党领导的社会主义现代化。如果说特色，那么这就是中国式现代化的最大特色、最突出的特色、最根本的特色。鸦片战争后，中国被迫卷入西方主导的现代世界体系，饱受巨大屈辱的中国人民开始了苦苦寻求现代化的历程。中国共产党自成立伊始就把为中国人民谋幸福、为中华民族谋复兴作为自己的初心使命，把实现现代化作为不懈奋斗的伟大目标。中国共产党深刻地认识到，近代中国社会的主要矛盾是帝国主义和中华民族的矛盾、封建主义和人民大众的矛盾。毛泽东同志指出："没有中国共产党的努力，没有中国共产党人做中国人民的中流砥柱，中国的独立和解放是不可能的，中国的工业化和农业近代化也是不可能的。"① 新民主主义革命时期，以毛泽东同志为主要代表的中国共产党人对现代化的构想是结合民族复兴愿望与社会革命展开的，集中体现在围绕新民主主义革命中的政治、经济、文化等方面探索和实践中国现代化道路，目的"在于建设一个中华民族的新社会和新国家"②。基于此，中国共产党初步形成了建设现代化的基本方案：一是政治现代化，二是经济现代化，三是文化现代化。新民主主义革命的胜利，实现了中国从几千年封建专制政治向人民民主的伟大飞跃，从而为实现现代化创造了根本社会条件。新中国的成立为中国式现代化打开了前进通道，为中国式现代化奠定了根本政治前提和制度基础。改革开放和社会主义现代化建设新时期，为现代化建设提供了新的富有活力的体制保障和快速发展的物质条件。党的十八大以来，中国特色社会主义新时代为实现中国式现代化提供了更为完善的制度保证、更为坚实的物质基础、更为主动的精神力量。习近平总书记指出："现在，全球进入现代化的国家也就 20 多个，总人口 10 亿左右。中国 14 亿多人口整体迈入现代化，规模超过现有发达国家人口的总和，将极大地改变现代化的世界版图。这是人类历史上规模最大的现代化，也是难度最大的现代化。"③

中国共产党领导的社会主义现代化对资本采取的是两手抓的政策，"即承认和利用资本、防控和驾驭资本并举。社会主义现代性与

① 《毛泽东选集》第三卷，人民出版社 1991 年版，第 1098 页。
② 《毛泽东选集》第二卷，人民出版社 1991 年版，第 663 页。
③ 习近平：《中国式现代化是强国建设、民族复兴的康庄大道》，《求是》2023 年第 16 期。

资本主义现代性的区别不在于存在不存在资本市场经济，而在于以什么为解决社会问题的最高标准，以资本为最高标准的是资本现代性，以人的发展为最高标准原则的是社会主义现代性"①。中国式现代化是一条引领和驾驭资本的社会主义现代化，其对资本逻辑的超越表现为五个方面：一是确立了以人民为中心的发展逻辑，超越了以资本为主导的发展逻辑；二是构建了资本—国家—劳动（人民）三元主体协调的动力机制，超越了单一的资本动力模型；三是建立了社会和谐模式，超越了社会对抗模式；四是坚持走和平发展道路，超越了西方扩张主义和霸权主义；五是探索了独立自主的现代化发展道路，摆脱了依附性发展模式。② 归根到底，资本主义的核心是资本逻辑的，构建了以资本为核心、为中心的社会制度，社会主义社会构建了以人为核心的、以人民为中心的逻辑。这是中国式现代化和西方现代化巨大的历史分野。也正因如此，马克思主义的科学性和真理性在中国式现代化的历史进程中得到充分检验，马克思主义的人民性和实践性在中国式现代化的历史进程中得到充分贯彻，马克思主义的开放性和时代性在中国式现代化的历史进程中得到充分彰显。马克思主义和中国式现代化以崭新形象展现于世，也为马克思主义和中国式现代化赢得了巨大的声誉和更广泛的社会影响，使世界范围内社会主义和资本主义两种意识形态、两种社会制度的历史演进及其较量发生了有利于社会主义的重大转变，逐步推动世界社会主义发展走向振

---

① 唐爱军：《中国式现代化道路》，商务印书馆 2023 年版，第 142 页。
② 参见唐爱军：《中国式现代化道路》，商务印书馆 2023 年版，第 142—143 页。

兴。中国式现代化的独特性创造，是中国式现代化对世界现代化的独特性贡献。

从唯一到多样，中国式现代化对"现代化＝西方化"路径的超越

习近平总书记指出："18 世纪出现了蒸汽机等重大发明，成就了第一次工业革命，开启了人类社会现代化历程。"① 现代化最早确实是起源于西方的，对推动西方国家经济社会的发展起到重要的作用。西方现代化伴随着资本的不断扩张，在全球化过程中，影响和推动了亚非拉殖民地半殖民地国家走上现代化之路，推动了发展中国家和欠发达国家的现代化进程。关于现代化的理论最早起源于西方，也是由西方学者最早作出的研究和归纳。但是我们应当看到，现代化虽然起源于西方国家，但并不是西方国家经济社会发展的专利。世界现代化并不是一种模式、一条道路、一个标准，而是具有多样性特征。即使是西方现代化也并不是千篇一律的，而是各有特点的，如英国、美国、德国、法国、日本、韩国、新加坡等走过的现代化发展道路，也是各有风格，形成了所谓的盎格鲁—撒克逊模式、莱茵模式、北欧模式、东亚模式等。以实现工业化为主要标志的现代化，在第二次世界大战后已扩展到广大的发展中国家。特别是二战结束以后，很多摆脱

① 习近平：《为建设世界科技强国而奋斗——在全国科技创新大会、两院院士大会、中国科协第九次全国代表大会上的讲话》，人民出版社 2016 年版，第 3 页。

殖民统治的发展中国家的重建就是奔着现代化这个共同取向和主题的。实现现代化是近代以来世界各国孜孜以求的发展目标，只不过由于各国国情、发展阶段、地理环境、人口规模、文化传统等诸多方面的差异，各国现代化所走过的路并不完全相同。中国式现代化由中国特殊的基本国情所决定，必然具有鲜明的中国特色，与世界上其他任何国家的现代化都不可能相同。

近代中国国门被打开之后，很多仁人志士在巨大的历史震动面前，开始了痛苦的思考。其中一部分并没有对西方的现代化敬而远之或熟视无睹，而是想让中国走西方现代化的道路，走资本主义道路，通过资本主义的发展来实现富国强兵。但是从大历史的视角来看，这种奋斗和牺牲并没有真正解决中国社会的问题。在中国共产党诞生前，中国向西方学习现代化，似乎更多地呈现了邯郸学步的景象。俄国十月革命的胜利打开了中国先进分子思考中国现代化的新思路。从现代化的实践看，"俄国人的路"意味着彻底抛弃旧有的发展模式，寻求迈向现代化的新途径。

早在新民主主义革命时期，以毛泽东同志为主要代表的中国共产党人已经开始思考中国的现代化问题，提出了要"解决建立独立的完整的工业体系"① 的问题。但是要完成这样一个壮举，就必须推倒三座大山。由此，能够更好地理解中国共产党艰辛推动新民主主义革命的历史必然性。新中国成立后，党是中国式现代化的领导者和实践者，1954 年党中央就初步提出了"四个现代化"的目标。党的十一

---

① 《毛泽东选集》第四卷，人民出版社 1991 年版，第 1433 页。

届三中全会作出了把工作重点转移到社会主义现代化建设上的决定。以邓小平同志为主要代表的中国共产党人旗帜鲜明地提出"走中国特色社会主义道路"重大命题，党以经济建设为中心解放和发展社会生产力，创造性使用"小康社会"这个重大概念，首次提出了"中国式的现代化"。以江泽民同志、胡锦涛同志为主要代表的中国共产党人持续探索和发展中国特色社会主义理论，在实践中进一步丰富发展了现代化的道路、战略和目标。党的十八大以来，习近平总书记创造性地提出并深刻阐释中国式现代化理论，开启了全面建设社会主义现代化国家新征程。中国从四分五裂、一盘散沙到高度统一、民族团结，从积贫积弱、一穷二白到全面小康、繁荣富强，从被动挨打、饱受欺凌到独立自主、坚定自信，从落后时代到赶上时代再到引领时代，中国式现代化的道路越走越宽广，创造了经济快速发展和社会长期稳定两大奇迹，实现了从站起来、富起来到强起来的伟大飞跃。

迄今为止世界各国实现现代化有两条不同的道路：资本主义现代化道路和社会主义现代化道路。但是如果按照经典现代化理论来看，发展中国家搞现代化，实际上就应该把现代化的目标限定在西方发达国家已经实现了的工业化，靠移植西方、跟随依附来探索自己的现代化道路。如此一来，发展中国家就会被锁定在世界经济体的底端，依附于发达国家主导的分工体系中，也就很难真正地实现自身的创新发展。拉丁美洲和非洲的一些国家实际上也都存在着这样的问题。中国共产党带领人民探索出来的中国式现代化道路，既尊重人类的共同特征，尊重人类现代化的发展规律，也有基于自己国情的鲜明特色，即通过推进工业化、城镇化、市场化、法治化、民主化、信息化、智能化等，来加速社会生产力的发展和整个社会的全面进步。党的十九大报告指出："推动新型工业化、信息化、城镇化、农业现代化同步发展，主动参与和推动经济全球化进程，发展更高层次的开放型经济，不断壮大我国经济实力和综合国力。"① 但同时我们强调中国式现代化是中国共产党领导的社会主义现代化，这是我们最大的特色。中国式现代化有五个方面的特征，即人口规模巨大的现代化，全体人民共同富裕的现代化，物质文明和精神文明相协调的现代化，人与自然和谐共生的现代化，走和平发展道路的现代化。自 1840 年鸦片战争以来的历史充分证明：资本主义现代化道路在半殖民地半封建社会的中国根本走不通。党的历代领导人都强调了"走自己的路"的重要性。中国的实践表明，中国式现代化不等于西方化，由此打破了西方中心论和西方现代化等于西方化的种种认识误区。

中国式现代化是中国共产党人持续奋斗的历史宏愿。在党的十九届六中全会通过的《中共中央关于党的百年奋斗重大成就和历史经验的决议》中，以习近平同志为主要代表的中国共产党人对我们党百年奋斗的历史经验进行了深刻总结和阐述，这对于以中国式现代化全面推进中华民族伟大复兴具有根本性和长远指导意义。一是坚持党的领导，这是中国式现代化的领导力量；二是坚持人民至上，这是中国式现代化的价值追求；三是坚持理论创新，这是中国式现代化的思

---

① 习近平：《决胜全面建成小康社会 夺取新时代中国特色社会主义伟大胜利——在中国共产党第十九次全国代表大会上的报告》，人民出版社 2017 年版，第21—22 页。

想路径；四是坚持独立自主，这是中国式现代化的精神之魂；五是坚持中国道路，这是中国式现代化的康庄大道；六是坚持胸怀天下，这是中国式现代化的人类关怀；七是坚持开拓创新，这是中国式现代化的不竭动力；八是坚持敢于斗争，这是中国式现代化的力量源泉；九是坚持统一战线，这是中国式现代化的重要法宝；十是坚持自我革命，这是中国式现代化的强大支撑。百年来中国共产党推进中国式现代化的艰辛探索所取得的历史经验，是我们全面建设社会主义现代化国家的精神力量和宝贵财富，同时也彰显了党推进中国式现代化的时代价值、世界意义和历史贡献。一是中国共产党对中国式现代化的百年探索，极大地焕发了近代以来救亡图存、振兴中华的民族精神，从根本上改变了中国人民的前途命运。二是中国共产党对中国式现代化的百年探索，开辟了实现中华民族伟大复兴的正确道路，创造了从站起来、富起来向强起来迈进的发展奇迹。三是中国共产党对中国式现代化的百年探索，展示了马克思主义基本原理同中国具体实际相结合、同中华优秀传统文化相结合的强大生命力，推动了马克思主义中国化时代化。四是中国共产党对中国式现代化的百年探索，在国际比较视野中历史性地创造了人类文明新形态，拓展了发展中国家走向现代化的途径和选择。五是中国共产党对中国式现代化的百年探索，锻造了走在时代前列的中国共产党，使中国式现代化有了强大的领导力量和主心骨。这是党和人民共同创造的宝贵财富，必须倍加珍惜、长期坚持，并在新时代的实践中不断丰富和发展。

参考文献

《习近平著作选读》第一卷，人民出版社 2023 年版。

《习近平著作选读》第二卷，人民出版社 2023 年版。

习近平：《为建设世界科技强国而奋斗——在全国科技创新大会、两院院士大会、中国科协第九次全国代表大会上的讲话》，人民出版社 2016 年版，第 3 页。

《毛泽东选集》第二卷，人民出版社 1991 年版。

《毛泽东选集》第三卷，人民出版社 1991 年版。

《毛泽东选集》第四卷，人民出版社 1991 年版。

《毛泽东文集》第八卷，人民出版社 1999 年版。

《毛泽东传（1949—1976）》上，中央文献出版社 2003 年版。

《毛泽东年谱（1949—1976）》第 2 卷，中央文献出版社 2013 年版。

《邓小平文选》第二卷，人民出版社 1994 年版。

《邓小平文选》第三卷，人民出版社 1993 年版。

《马克思恩格斯文集》第 2 卷，人民出版社 2009 年版。

中共中央党史和文献研究院编：《习近平关于中国式现代化论述摘编》，中央文献出版社 2023 版。

中共中央文献研究室编：《建国以来重要文献选编》第 15 册，中央文献出版社 1997 年版。

《中国共产党第二十次全国代表大会文件汇编》，人民出版社 2022 年版。

《〈中共中央关于党的百年奋斗重大成就和历史经验的决议〉辅导读本》，人民出版社 2021 版。

中央财经领导小组办公室：《中国经济发展五十年大事记》，人民出版社 1999 年版。

林毅夫：《解读中国经济》，北京大学出版社 2018 年版。

唐爱军：《中国式现代化道路》，商务印书馆 2023 年版。

武克全：《现代化拓展中的世界和中国》，学林出版社 1999 年版。

罗荣渠、牛大勇：《中国现代化历程的探索》，北京大学出版社 1992 年版。

习近平：《中国式现代化是强国建设、民族复兴的康庄大道》，《求是》2023 年第 16 期。

习近平：《决胜全面建成小康社会　夺取新时代中国特色社会主义伟大胜利——在中国共产党第十九次全国代表大会上的报告》，《人民日报》2017 年 10 月 18 日。

《正确理解和大力推进中国式现代化》，《人民日报》2023 年 2 月 8 日。

戴木材：《论中国式现代化理论体系的基本构建》，《中国人民大学学报》2023 年第 6 期。

总　策　划：王　彤
策划编辑：陈　登　徐媛君
责任编辑：徐媛君
特邀编校：马柳婷

图书在版编目（CIP）数据

何以中国：历史逻辑与现实建构／人民日报社人民
论坛杂志社主编．--北京：人民出版社，2025.4.（2025.9重印）
ISBN 978-7-01-026864-4

Ⅰ．D61

中国国家版本馆 CIP 数据核字第 2024J3Y034 号

何以中国：历史逻辑与现实建构
HEYI ZHONGGUO：LISHI LUOJI YU XIANSHI JIANGOU

人民日报社人民论坛杂志社　主编

人民出版社 出版发行
（100706 北京市东城区隆福寺街 99 号）

北京建宏印刷有限公司印刷　新华书店经销

2025 年 4 月第 1 版　2025 年 9 月北京第 3 次印刷
开本：710 毫米×1000 毫米 1/16　印张：16
字数：176 千字

ISBN 978-7-01-026864-4　定价：66.00 元

邮购地址 100706　北京市东城区隆福寺街 99 号
人民东方图书销售中心　电话（010）65250042　65289539